ANJA TANAS

HEIMAT HÄPPCHEN

* SO KOCHT NRW *

MÜNSTERLAND

TEUTOBURGER WALD/
OSTWESTFALEN-LIPPE

NIEDERRHEIN

RUHRGEBIET

DÜSSELDORF

SAUERLAND

KÖLN UND
RHEIN-ERFT-KREIS

BERGISCHES LAND

EIFEL UND
AACHEN

SIEGERLAND/
WITTGENSTEIN

BONN UND
RHEIN-SIEG-KREIS

UNSERE REGIONEN

So vielseitig NRW aus geografischer Sicht ist, so vielseitig ist auch seine Küche. Kulinarisch haben wir NRW in elf Regionen eingeteilt (siehe S. 8-11).

INHALT

WIR,
DIE HEIMATHÄPPCHEN

Mit unseren Heimathäppchen feiern wir die Ess- und Kochkultur in NRW!
Bei unserer engagierten Suche nach alten Rezepten und regionalen Zutaten graben
wir echte Originale aus. Das lässt die Herzen unserer Kochcommunity im
Internet und auch die unserer Fernsehzuschauer höherschlagen.

WIR MACHEN LECKER HÄPPCHEN

Der Startschuss für die Heimathäppchen erfolgte im Frühsommer 2017. Unsere Freude war riesig, aber es wurde auch klar: Diese Aufgabe ist extrem herausfordernd und unser Team wird sein Bestes geben müssen. Die Produktion der knackigen Rezeptvideos beginnt sofort, der Onlineauftritt wird entworfen, die Recherchen laufen auf Hochtouren. Recherche- und Genussexperten arbeiten dabei mit Kochprofis und Filmemachern zusammen. Mittlerweile stapeln sich unzählige historische Kochbücher in zum Teil altdeutscher Schrift auf dem Regal neben meinem Schreibtisch. Ein Hauch von Nostalgie liegt immer in der Luft, wenn es daran geht, „neue alte" Kochanleitungen zu suchen.

VERGESSENES AUSGRABEN

Viele Gespräche mit Kennern der Regionen, alte Zeitungsartikel und auch aktuelle Berichterstattungen über Festivitäten in NRW führen uns immer wieder auf neue kulinarische Spuren und diese wiederum zu längst vergessenen Spezialitäten. Sie wiederzuentdecken, das ist unsere Mission. Moschele, Leineweber, Lippische Rosen – wenn man die Namen dieser Speisen hört, dann will man doch einfach wissen, was das ist, oder?

ALLERLEI KLASSIKER – NEU INTERPRETIERT

Ob Sauerland, Eifel oder Ruhrpott – die Heimathäppchen sind ein Schmelztiegel aus Industrie-Charme, Karneval und pittoresken Landschaften, in dem sich das ganze Nordrhein-Westfalen mit seiner traditionsreichen Esskultur wiederfindet. Auf vielen Speisekarten sind deftige Klassiker die Platzhirsche, an Bedeutung für die Region haben sie nie verloren. Sie bilden das Herzstück unserer Rezeptekollektion, wir entstauben sie und interpretieren sie auch gern mal neu. Generell schreiben wir jedes Rezept um, die meisten werden gänzlich neu verfasst. Über den Tellerrand schauen wir auch. NRW ist und war schon immer ein Zuwanderer-Bundesland. Klar, dass sich das auch in der Esskultur und

Für die TV-Reihe „Beste Heimathäppchen" steht Anja Tanas als Köchin vor der Kamera.

auch in den Heimathäppchen widerspiegelt. Denn Häppchen aus der Heimat müssen für uns nicht zwingend Jahrhunderte alt sein, die NRW-Küche erfindet sich von Generation zu Generation auch immer wieder neu.

DEFTIG ODER SÜß, TRADITIONELL ODER MODERN – UNSERE REZEPTE KÖNNEN ALLES!

Die Heimathäppchen liefern Ideen fürs Frühstück, für Mittag- und Abendessen, auch das Snacken kommt nicht zu kurz. Wer es süß mag, darf mit uns backen und naschen. Manch ein Gericht hat das Zeug zum ganz großen Auftritt, zum Beispiel dann, wenn es zu bestimmten Feiertagen passt. Klassische Traditionsgerichte aus NRW bekommen dabei einen feinen, zeitgemäßen Schliff, und beliebten Rezepten aus aller Welt verpassen wir mit heimischen Zutaten etwas Lokalkolorit. Dabei halten die Rezepte stets Freiräume für individuelle Anpassungen und geschmackliche Alternativen bereit. Was uns besonders wichtig ist: Die Arbeitsschritte ge-

hen in der Regel leicht von der Hand und lassen sich mit einfacher Küchenausstattung umsetzen.

NACHHALTIG, EHRLICH, GUT

Unsere Heimatküche weckt Kindheitserinnerungen. Lang vergangene Zeiten kommen durch ein wiedererkanntes Aroma wieder in den Sinn. In solchen Momenten ist essen mehr als satt werden. Wir möchten mit den Heimathäppchen herzlosem Fast Food und industrieller Fertigkost entgegentreten. Es ist nachhaltiger, selbst zu kochen und zum Beispiel Vorräte anzulegen. Die Traditionsküche schmeißt nichts Gutes weg! Reste werden bei uns also kreativ verbraten. Die Saison einzelner Zutaten haben wir immer im Blick, wir kochen, was die Jahreszeiten hergeben. Essen wird zu einer Herzensangelegenheit, wenn man weiß, wo das Fleisch herkommt. Wer das Brot gebacken hat. Wo der Apfel gewachsen ist. Das schweißt einen zusammen mit den Landwirten der Region. In NRW gibt es zudem viele kreative Genusshandwerker, die einzigar-

lung, also von oben. So haben die Zuschauer einen allumfassenden Blick auf das Küchenbrett und können auch das Randgeschehen verfolgen. Wichtige Details setzt das Kamerateam mit appetitlichen Nahaufnahmen in Szene, die das Essen förmlich durch den Bildschirm duften lassen. Das macht Lust aufs Nachkochen! Wer die kurzen Videos kennt, fragt sich sicher manchmal, zu wem die Hände im Bild gehören. Die Leckereien werden von Anne Biehl und Demille Haile vor der Topshot-Kamera gekocht und gekonnt sowie sehr kreativ in Szene gesetzt. Welches Schälchen, welcher Topf wird es diesmal? Müssen wirklich alle Arbeitsschritte dokumentiert werden oder wo kann man raffiniert und mit ein paar Tricks kürzen? Die Bildkomposition wird also hier schon geprägt.

DIE PERFEKTE KOMPOSITION

Nach dem Dreh folgt der Schnitt. Die Cutter haben die ganze Zeit wunderbare Bilder vor Augen, die richtig Appetit machen. Dennoch schaffen sie es, das ausführliche Drehmaterial auf nur rund eine Minute zu kürzen, länger sollte ein Topshot-Video nicht sein. Hier die richtige Bildauswahl zu treffen, erfordert echtes Fingerspitzengefühl in Sachen Regie. Meine Kollegen am Schnittplatz lernen bei der Arbeit tolle Gerichte kennen – ob sie mittlerweile zu Köchen geworden sind, da sie doch ständig anschauliches Lehrmaterial vor Augen haben?

BESTE HEIMATHÄPPCHEN IM TV UND ALS BUCH

Im WDR Fernsehen präsentiert ein charmantes Dreiergespann regelmäßig seine Top Ten der Rezepte – aufgeteilt nach Kategorien wie Kartoffelalarm, Häppchen auf die Hand oder Burger. Passend zum Thema bereite ich in der Heimathäppchen-Küche ein neues Rezept zu. Die Geschichten rund ums Essen kennt Regio-Expertin Johanna Meier, und Claudia Lodorf hält moderativ die Fäden in der Hand. Wir alle drei wollen die Zuschauer begeistern für das schöne Thema Esskultur in NRW.

Nach dem rasanten Erfolg der Heimathäppchen online und im Fernsehen sind wir nun besonders stolz darauf, dass es jetzt auch das Buch dazu

tige Spezialitäten zubereiten. Auch sie finden bei den Heimathäppchen eine Plattform.

KREATIVE REZEPTENTWICKLUNG

Meine Arbeit für die Heimathäppchen habe ich zusammen mit meiner Kollegin Mehret Haile begonnen. Sie hat die Aufbruchsstimmung miterlebt. Heute wühle ich mich mit Élena-S. Eilmes durch NRWs Essgeschichte. Wir werfen uns die Bälle zu, Élena-S. ist meine perfekte Ergänzung. Mithilfe der Kochprofis Wolfgang Klehn und Jens Schmidt haben wir die vielen heimischen Rezepte weiterentwickelt und zu Papier gebracht. Wir sprechen sie mit dem Redaktionsteam des WDR durch und leiten die Kochanleitungen dann weiter an die Produktionsfirma, bei der die heimischen Gerichte schließlich vor der Kamera zubereitet werden.

TOLLE BILDER MACHEN LUST AUF MEHR

In den Videos präsentieren wir unsere Rezepte ganz modern in der sogenannten Topshot-Einstel-

gibt – das Sie nun in den Händen halten! Wir haben darin für Sie die beliebtesten Rezepte versammelt – so haben Sie die Heimathäppchen jederzeit griffbereit! Viel Spaß beim Schmökern und Kochen wünschen Anja Tanas und das komplette Team!

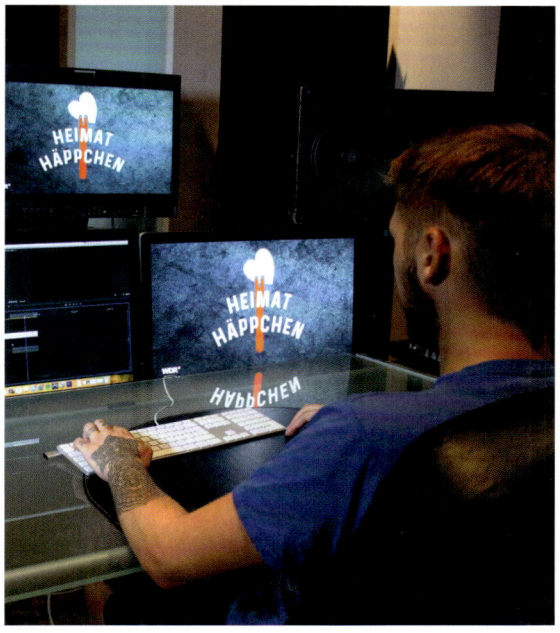

⚊ HINTER DEN KULISSEN

Inspiration für spannende Gerichte findet Élena-S. Eilmes unter anderem in alten Kochbüchern (S. 4). Anne Biehl setzt das Essen gekonnt in Szene, Carina Wulf hält alles mit der Kamera fest (S. 6). Rezept in nur einer Minute – da muss der Cutter die Bilder perfekt kombinieren (rechts). Johanna Meier, Anja Tanas und Claudia Lodorf präsentieren die Heimathäppchen im WDR Fernsehen (unten).

KULINARISCHES NRW

Seine Vielfalt an Menschen, Landschaften und auch an kulinarischen Traditionen sind eine der vielen Stärken NRWs. Heute gibt es fünf Regierungsbezirke, doch die verschiedenen Landstriche sind viel feiner zu definieren. Aber wo genau liegen die Grenzen der Regionen? Auf Nachfrage bei der Landesregierung sprach man von einer „lebhaften Regionendebatte". Mit diesem Buch orientieren wir uns an den gängigen Einteilungen im Tourismus, allzu starre Grenzen möchten wir dabei nicht ziehen.

NIX GEHT OHNE KARTOFFELN

Jede Ecke in NRW hat ihre ganz besonderen Merkmale, ihren eigenen Charme und ihre besonderen Bräuche. Dennoch entdeckt man nach ausgiebiger Recherche durchaus die vielen Gemeinsamkeiten, die alle Regionen kulinarisch verbinden – allen voran die Kartoffel. Und der Einfluss der fruchtbaren Böden in vielen Gebieten, die für Obst- und Gemüseanbau perfekt sind. In weniger fruchtbaren Gebieten gedeiht immer noch der Buchweizen. Die Flüsse und Seen waren einst reich an Fischen, teils erholt sich heute der Bestand.

BEGRENZTE ZUTATEN, KREATIVE KÖCHE

Bis mindestens Ende des 19. Jahrhunderts waren die Menschen auf dem Land Selbstversorger, die Verpflegung war einfach, aber schmackhaft. Von Eiern und Milchprodukten über Getreide bis hin zu Obst und Gemüse aus den Nutzgärten war alles dabei, sonntags gab es sogar mal einen Braten. Angesichts der begrenzten Zutaten ist es beachtlich, was die Hausfrauen damals an kreativen Gerichten auf den Tisch brachten. Was auffällt: Ähnliche Gerichte, vor allem mit Kartoffeln, haben in den unterschiedlichen Regionen einfach nur andere Namen. Nach und nach verbreiteten sich dann die Rezepte von den Städten aufs Land und umgekehrt. Wie überall konnten die Adelshäuser aus

dem Vollen schöpfen. Auch der Einfluss der alten Römer ist unübersehbar, ebenso der Kontakt zu den Nachbarländern.

KÜCHE WESTFALENS

Die westfälische Küche hat einen starken norddeutschen Einfluss. Man mag es warm, fettig und süß, gern auch alles zusammen. Westfalen ist zudem Wurstland, auch die Schinkenkultur ist bedeutend. Natürlich gibt's hier tolle Gemüsegerichte, aber kaum eines kommt ohne Speck aus. Übrigens: Deutschlands wohl einflussreichste Köchin Henriette Davidis lebte und arbeitete in Westfalen. 1844 schrieb sie ihr bis heute berühmtes „Praktisches Kochbuch". Auch dank ihr wissen wir heute, was früher bei den Familien im Ofen stand oder im Kessel kochte.

KÜCHE DES RHEINLANDS

Die rheinische Küche ist geprägt von westlichen und südlichen Einflüssen, von der französischen Herrschaft und dem regen Handel mit den Niederlanden. So kamen mit den Rheinschiffen Fisch und Schalentiere nach Köln.

HEIMISCH – ODER NICHT?

Es ist auch spannend, einen historischen Blick auf unsere Nutzpflanzen zu werfen. Welche stammen

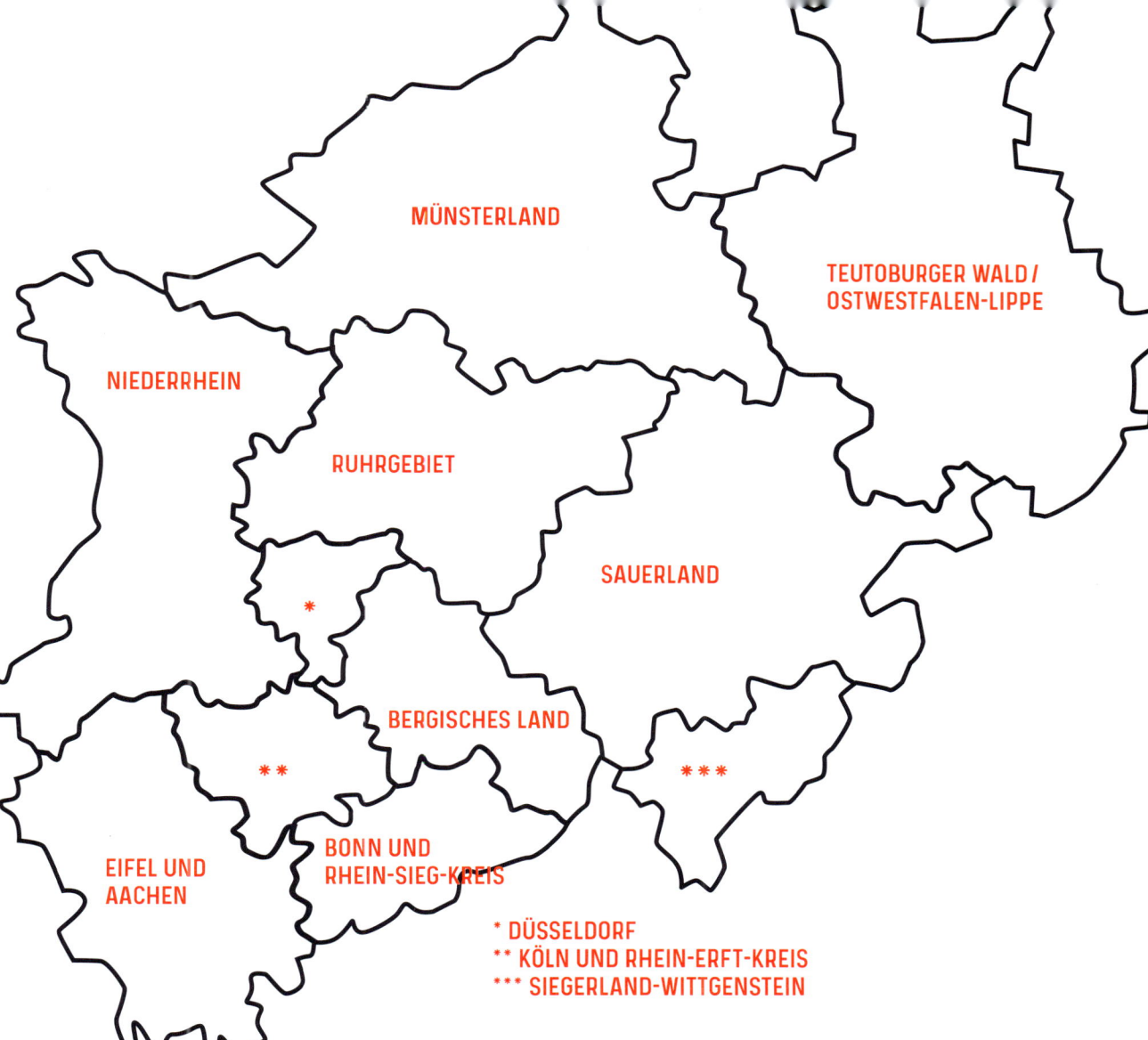

MÜNSTERLAND

TEUTOBURGER WALD /
OSTWESTFALEN-LIPPE

NIEDERRHEIN

RUHRGEBIET

SAUERLAND

*

BERGISCHES LAND

**

***

EIFEL UND
AACHEN

BONN UND
RHEIN-SIEG-KREIS

* DÜSSELDORF
** KÖLN UND RHEIN-ERFT-KREIS
*** SIEGERLAND-WITTGENSTEIN

ursprünglich von hier? Wann kamen andere dazu? Das alles ist nur noch schwer nachvollziehbar. Die Archäobotanik liefert hier aber gute Anhaltspunkte. So sollen Dinkel, Emmer, Gerste, Feldsalat, Bohnen und Erbsen bereits in der Eisenzeit (ab etwa 750 v. Chr. bis ins 5. Jahrhundert n. Chr.) heimisch geworden sein. Zwiebeln, Kulturobst und die meisten Kräuter und Gewürze haben wohl die Römer mitgebracht, im Mittelalter kamen Kirschen, Rüb-

stiel und Senf dazu. Erst in der Neuzeit folgten Kartoffeln, Tomaten und Kürbisse. Man ist überrascht, wie viele jahrhundertealte Gerichte sich auch heute noch auf unseren Tellern wiederfinden. Die folgende Aufteilung soll dabei helfen, eine grobe Idee von der Esstradition der Regionen zu bekommen, wobei sie keinen Anspruch auf Vollständigkeit erhebt. Wir wollen es uns einfach schmecken lassen und traditionelle Genussgeschichten am Leben halten.

RUHRGEBIET

Bier, Kohle und Stahl...Lange Zeit prägte dieses Trio das Ruhrgebiet. Neben der Industrie spielte aber hier immer schon die Landwirtschaft eine große Rolle. Die Schrebergartenkultur wurde intensiv gepflegt – ob Tauben, Kaninchen oder Hühner, in den Reviersiedlungen wurden auch Kleintiere hinter dem Haus gehalten. Der Küche des Ruhrgebiets wird oft Unrecht getan, denn sie hat viel mehr zu bieten als den „Mantateller" mit Pommes und Currywurst. Zwar ist die Imbissbudenkultur im Pott nach wie vor lebendig, doch der Schmelztiegel Ruhrgebiet hat eine bunte Küche hervorgebracht, in der die Heimatküchen der Zuwanderer aus vielen Ländern ganz selbstverständlich neben deftigen westfälischen Gerichten stehen.

NIEDERRHEIN

Die flache Landschaft des Niederrheins lädt dazu ein, sie per Fahrrad oder zu Fuß zu erkunden. Der aufmerksame Beobachter findet eine seit der Römerzeit sanft geformte Kulturlandschaft vor. Günstiges Klima und gute Böden sorgen dafür, dass der Niederrhein als der Garten NRWs gilt, denn hier wird seit Jahrhunderten alles angebaut, was das Herz des Feinschmeckers begehrt. Sowohl die nordrhein-westfälische Spargelstraße als auch die Käseroute führen durch die Region. Die Küche des Niederrheins ist so dramafrei wie die Landschaft: Laute Aromen oder beißende Schärfe sind nicht ihr Ding. Das heißt aber nicht, dass sie langweilig wäre – sie hat viele verborgene Schätzchen zu bieten. Auch wenn das Bergische die Wiege der

Beschwipste Kartoffeln aus dem Ofen: Backesgrumbeere ist ein Auflaufklassiker aus der Eifel (siehe S. 80).

Kaffeetafel ist: Am Niederrhein genießt man ebenso eine regionale Variante, auf der Pflaumenkuchen nicht fehlen darf und bisweilen gewagte Geschmackskombinationen verzehrt werden – Rosinenplatz mit Leberwurst, Quark und die rheinische Spezialität schlechthin, das Rübenkraut, sind für ungeübte Gaumen eher gewöhnungsbedürftig.

MÜNSTERLAND

Das Münsterland bezaubert mit einer Landschaft, in der sich Wiesen und Felder mit Wäldchen und Hecken abwechseln. Die Region ist berühmt für zahllose Wasserburgen und Schlösser. Und im Münsterland liebt man Pferde: In Warendorf, der „Stadt der Pferde", liegt das Landesgestüt NRWs. Die Münsterländer Küche ist bodenständig und lokale Landwirtschaftsbetriebe erzeugen alles, was man dafür braucht: Obst und Gemüse, Fleisch und Geflügel, hochwertige Öle. Allgemein feiert man hier die westfälische Koch- und Backtradition rund um Pumpernickel, Knochenschinken und Mettenden.

TEUTOBURGER WALD/ OSTWESTFALEN-LIPPE

Hügel, Bachläufe, Wiesen, Wälder, Auen und Moore – so abwechslungsreich ist die Region Teutoburger Wald. Das Hermannsdenkmal erinnert an den Triumph der Germanen über drei römische Legionen. An köstlichen regionalen Produkten mangelt nicht: Kartoffeln, Süßwasserfisch und Wildbret gibt es reichlich sowie das Dream-Team Spargel und Erdbeeren. Aus Nieheim stammt nicht nur der berühmte Sauermilchkäse. Im „Culinarium" können Besucher sich hier auch nach Herzenslust über westfälische Spezialitäten wie Schinken, Käse, Brot sowie lokale Brände und Biere informieren. Die Küche in Ostwestfalen-Lippe schafft es, mit wenigen einfachen Zutaten ganz besondere Gerichte zu servieren. Zum Grünkohl, auch Lippische Palme genannt, passen die vielen regionalen Wurstsorten. Der Pickert ist ein Gedicht, ganz zu schweigen von den köstlichen Lippischen Rosen, eine Art Waffelgebäck, das bei besonderen Anlässen zum Kaffee serviert wurde.

SAUERLAND

Auf weitläufigen Wiesen grasen Rinder, Schafe und Ziegen. Kein Wunder, dass im Sauerland eine Reihe schmackhafter Käsespezialitäten hergestellt werden. In den vielen Gewässern angelt man noch heute unter anderem Forelle, Barsch, Rotauge oder Hecht. Das klare Wasser der Region wird auch in den Brauereien bei der Herstellung hochwertiger Biere verwendet. Die Sauerländer Küche ist wie die meisten in NRW rustikal: Kartoffeln und Schweinefleisch gehören unbedingt dazu. Eine besondere Spezialität ist die Sauerländer Pfefferwurst, eine hauptsächlich aus Rindfleisch bestehende Rohwurst.

SIEGERLAND-WITTGENSTEIN

Naturliebhaber kommen im Siegerland voll auf ihre Kosten: historische Kulturlandschaften, 41 Naturschutzgebiete und 719 Naturdenkmäler findet man hier. Das Siegerland ist zudem Kartoffelland: Ohne „Duffeln", die schon seit dem 17. Jahrhundert im Siegerland angebaut werden und dort prächtig gedeihen, ist die regionale Küche nicht denkbar. Sie schmecken nicht nur als Beilage zu Schmorgerichten wie Kalbsgulasch Wittgensteiner Art, sondern werden sogar in süßen Gerichten verwendet: So reichern einige Hausfrauen und Bäcker ihre Krebelcher, verführerische Krapfen aus Quarkteig, mit gestampften Kartoffeln an.

BERGISCHES LAND

Obwohl Teil des Rheinischen Schiefergebirges, hat das Bergische Land seinen Namen nicht etwa von seinen malerischen Hügeln, sondern weil es aus den historischen Ländereien der Grafen von Berg hervorgegangen ist. Die Großstädte Wuppertal, Remscheid und Solingen, auch bekannt als die Bergischen Drei, bilden das Bergische Städtedreieck. Durch das Bergische Land fließt von jeher reichlich Wasser: Seine Hauptflüsse sind Wupper und Agger und weltweit gibt es kaum eine weitere Region, die derart viele Talsperren auf so engem Raum besitzt. Die bergischen Flüsse waren es auch, die die Industrialisierung ermöglichten, denn dank ihnen konnten Schmiedehämmer und Webstühle betrieben werden. Im Bergischen Land ist der Tisch

Eier und Hack-
fleisch – zwei,
die perfekt harmo-
nieren, wie in
den Sauerländer
Schwalbennestern
(siehe S. 108).

reichlich gedeckt. Weit über die Grenzen des Bergischen hinaus bekannt ist die Bergische Kaffeetafel
oder „Koffiedrenken mit allem Dröm on Dran", eine
üppige Mahlzeit, zu der aufgetischt wird, was Spei-
sekammer und Keller hergeben: Milchreis, Waffeln,
Hefeplatz, Brot, Aufschnitt, Käse, Marmelade, Eier-
gerichte und reichlich Kaffee aus der „Dröppelmin-
na", der traditionellen bergischen Kaffeekanne.

➤ DÜSSELDORF
NRWs Landeshauptstadt verbindet Tradition und
Moderne, rheinische Lebensart und kosmopoliti-
schen Flair. Zwischen Koblenz und Düsseldorf ist
die rheinische Küche beheimatet, die sich je nach
Region durch kleine Details unterscheidet. Düsseldorf ist besonders für zwei Spezialitäten bekannt:

Düsseldorfer Altbier, ein kräftiges, dunkles Bier, das
auf alte Art, nämlich obergärig, gebraut wird, und
Düsseldorfer Senf. So beliebt ist die scharfe Würz-
paste, dass Düsseldorf seit 2004 ein Senfmuseum
sein Eigen nennt. Wer nicht nur gucken, sondern
auch probieren möchte, kann den Mostert zu Düsseldorfer Schinken oder Bratwurst genießen, einen
feinen Düsseldorfer Senfbraten damit zubereiten –
oder unsere cremige Senfsuppe.

➤ KÖLN UND RHEIN-ERFT-KREIS
„Home is where the dome is" – „Zuhause ist, wo
der Dom ist", dieser Slogan beschreibt die enge Be-
ziehung der Kölner zu ihrem Wahrzeichen sehr gut.
Rund um Köln sorgen landwirtschaftliche Betriebe,
Bäcker und Metzger seit jeher dafür, dass die Met-

ropole auch kulinarisch gut versorgt wird. Kölsche Küche ist bodenständig und kartoffellastig. Zu den Spezialitäten gehören unter anderem Reibekuchen, herzhafte Kartoffelplätzchen, die als Kontrast traditionell mit süßem Apfelmus oder Rübenkraut serviert werden. Bestellt man in einer Kölner Kneipe einen „Halven Hahn", freut man sich besser nicht auf ein Brathähnchen – es handelt sich nämlich um ein Roggenbrötchen mit Käse und saurer Gurke. Weltberühmt ist natürlich das Kölsch g. g. A., ein helles obergäriges Bier mit geschützter geografischer Angabe, das in Köln noch in traditionellen Brauhäusern ausgeschenkt wird (siehe auch S. 151).

BONN UND RHEIN-SIEG-KREIS

Die ehemalige Bundeshauptstadt und Beethoven-Stadt Bonn gilt als nordrhein-westfälisches Tor zum Rhein. Die Bonner Küche ist vielfältig, ist sie doch geprägt von unterschiedlichsten Einflüssen aus der Eifel, dem Hunsrück und den Spuren, die französische Besatzung und internationale Bewohner während ihrer Zeit als Hauptstadt hinterlassen haben. Im Siebengebirge liegt die einzige Weinbauregion NRWs, da hier das Klima mild genug für den Anbau der empfindlichen Reben ist. Auch Obst gedeiht hier ausgezeichnet sowie der berühmte Bornheimer Spargel. Äpfel und Birnen werden gerne zu Apfelkraut gekocht: Hierfür wird Apfelsaft – ein Anteil Birne ist zulässig – so lange eingekocht, bis er dunkelbraun und geleeartig ist. Auch Rübenkraut wird in der Region hergestellt; hierfür wird Zuckerrübensaft zu einem zähflüssigen schwarzen Sirup eingekocht.

EIFEL UND AACHEN

Der Nationalpark Eifel ist geprägt von kleinen Bächen und prächtigen Buchenmischwäldern. Zudem ist die südliche Region von Vulkanen und Vulkanseen übersät. In der Eifel wird viel Obst angebaut, das zu Konfitüren, Säften und edlen Bränden verarbeitet wird. Außerdem erzeugen Landwirte Fleisch und Milchprodukte. Die Eifelküche ist eine schlichte Küche, in der Einflüsse aus der Pfalz, aber auch aus Belgien und den Niederlanden spürbar sind. Ein

Mangel an Zutaten wurde mit umso mehr Einfallsreichtum ausgeglichen. Eine der Spezialitäten ist „Döppekoche", ein Kuchen aus geriebenen Kartoffeln, der mit Speck und Zwiebeln gewürzt wird und unbedingt in einem gusseisernen Topf gebacken werden muss. Auch der Kaiserstadt Aachen mangelt es nicht an Spezialitäten: So kann sie mit Printen und „Öcher" (Aachener) Weihnachtsleberwurst gleich zwei Köstlichkeiten mit geschützter geografischer Angabe aufweisen.

Gerichte mit Buchweizen haben am Niederrhein Tradition– wie die Pancakes mit Johannisbeersirup (siehe S. 138).

NRW FÜR EINSTEIGER

Wir von den Heimathäppchen kramen vergessene Rezepte und Zutaten aus und natürlich stoßen wir dabei auf Mundarten, die uns zum Staunen bringen – weil wir nämlich kein Wort verstehen. Damit Ihnen das nicht genauso ergeht, haben wir die wichtigsten Begriffe und Zutaten aus dem Buch hier noch einmal kurz beschrieben.

ALTBIER
Ein zumeist dunkles obergäriges und röstmalzbetontes Bier nach „alter" Brauart. Die meisten Altbiersorten werden in NRW gebraut; besonders bekannt ist das Düsseldorfer Alt.

BACKESGRUMBEERE
Zusammengesetzt aus Backes, dem traditionellen Backhaus, das von der ganzen Dorfgemeinschaft genutzt wurde, und Grumbeere, „Erdbirne" – so nennt man in der Eifel die Kartoffel.

BEESLAUFSOABBE
Siegerländer Dialekt fordert auch uns immer wieder heraus – Beeslauf ist Schnittlauch und Soabbe Suppe.

BRATWOOSCH
Rheinisch für Bratwurst.

BUURESCHLAAT
Buur ist in der Eifel, im Rheinland und im Bergischen ein Bauer, Buureschlaat also ein Bauernsalat.

BUCHWEIZEN
Ein Pseudogetreide aus der Familie der Knöterichgewächse.

Buchweizen wächst auch auf mageren Böden, für die sich Weizen zu schade ist, und ist von Natur aus glutenfrei.

DORTMUNDER ROSENKRANZ
In anderen Teilen Deutschlands als Kringelburger bekannt, mögen es die Dortmunder poetischer, wenn sie von einer Bratwurstschnecke sprechen. Sie erinnert an einen aufgerollten Rosenkranz.

DÜSSELDORFER MOSTERT G. G. A.
Düsseldorfer Senfspezialität, deren Herstellung seit dem 18. Jahrhundert nahezu unverändert ist.

FERKESBUCH
In der Eifel verarbeitet man so allerlei – unter anderem Schweinebauch, denn nichts anderes verbirgt sich hinter Ferkesbuch.

JEÄRSCHTE
Schlicht und einfach: Gerste.

KNUDELN
Alteingesessene Mehlnocken aus der Eifel, die aus Nudelteig

gemacht werden. Sie schmecken süß kombiniert oder mit herzhaften Saucen. Klassisches Armeleuteessen, das richtig gut satt macht.

KOTTENWURST
Wurstspezialität aus dem Bergischen Land. Kottenwurst ist eine Mettwurst, die zu 70 bis 80 Prozent aus magerem Schweinefleisch besteht und in Schweinedärme gefüllt wird.

KREBELCHER
So nennt man im Siegerland ungefüllte Krapfen aus Quarkteig.

KUSCHELEMUSCH
Kuschelemusch kann sowohl Durcheinander als auch Heimlichtuerei bedeuten. Ob es darauf anspielt, dass der Fischauflauf durchgemischt wird oder ob sich die Fischstückchen zwischen den Kartoffeln verstecken, ist nicht abschließend geklärt.

LIPPISCHE PALME
Schon im Mittelalter baute man in Ostwestfalen-Lippe Grünkohl an, die Pflanzen wurden damals bis zu zwei Meter hoch! Die un-

teren Blätter des Grünkohls dienten als Viehfutter. Was auf dem Feld zurückblieb, erinnert optisch an eine Palme, daher kam es zu dem Namen.

LIPPISCHE ROSEN
Gebäck aus Ostwestfalen-Lippe. Ein Eisen in Rosettenform wird in einen leichten Rührteig gedippt und der Teig dann frittiert.

MOSCHELE
Eigentlich bedeutet „Moschele" nur Muscheln – im Rheinland aber bezieht man sich damit auf Muscheln, die im eigenen Sud mit Wein und Wurzelgemüse gegart werden.

PANHAS
Oder Pannas. Eine Kochwurst aus Schweinefleisch, manchmal auch mit Anteilen von Rindfleisch, Wurstbrühe und Buchweizenmehl oder -grütze sowie Schweineblut. Panhas ohne Blut wird „weißer Panhas" genannt.

PERLGRAUPEN
Graupen sind geschälte und polierte Gerstenkörner, die hauptsächlich als Suppeneinlage verwendet werden. Die kleinen, gleichmäßig runden Perlgraupen besitzen die feinste Qualität, während die groben Graupen „Kälberzähne" genannt werden.

PICKERT
Ostwestfälische Spezialität: Kartoffelpfannkuchen mit Hefe. Sie werden traditionell mit Butter, Konfitüre, Rübenkraut, Pflaumenmus oder Leberwurst serviert.

POTTGEBÜDELS
Dieser Kloß aus Reis, Graupen und Trockenfrüchten wird in einem „Pott" – Topf – in einem „Gebüdels" gegart: Ein Leinentuch wird zu einem provisorischen Beutel gebunden und alle Zutaten werden darin gekocht.

POTTHUCKE
Im „Pott", dem Topf, „hockt" dieses würzige Kartoffelgericht, das im Ofen knusprig gebacken wird. Traditionell gehört Speck oder Mettwurst dazu.

PÜFFERKES
So nennt man am Niederrhein kleine Puffer aus Hefeteig, die in reichlich Fett ausgebacken und unbedingt am Martinstag gegessen werden. Ob mit oder ohne Rosinen bleibt dem persönlichen Geschmack überlassen.

RHEINISCHES APFELKRAUT G.G.A.
Süßer Brotaufstrich, für dessen Herstellung Apfelsaft – oft mit einem Anteil Birnensaft – über Stunden eingekocht wird, bis er dunkelbraun ist und an Gelee erinnert. Apfelkraut wird auch zum Kochen verwendet.

RHEINISCHES RÜBENKRAUT G.G.A.
Sehr dunkler und zähflüssiger Zuckerrübensirup mit einem malzigen Geschmack. Er wird als Brotaufstrich oder zum Backen und Kochen verwendet.

RHEINISCHES SCHWARZBROT
Dunkles Vollkornbrot mit glänzender Kruste, das freigeschoben, also nicht in einer Form, gebacken wird. Es wird dünn aufgeschnitten. Anders als Pumpernickel ist es eher trocken.

RIEVEKLÖßCHEN
Auf Hochdeutsch würde man Reibeklößchen sagen. Die kleinen Kartoffelklößchen aus dem Siegerland werden erst gekocht und dann in einer Pfanne mit Speck und Zwiebeln geschwenkt.

STRUWEN
Kleine Hefepfannkuchen mit Rosinen. Besonders im Münsterland verbreitete Fastenspeise.

TIPPÄRPEL
In den Tipp oder Stipp, je nach Haushalt eine kalte Buttermilchsuppe oder ein Dip aus Quark oder saurer Sahne, werden die Ärpel, die Kartoffeln, „getippt".

WINGZUPP
Klingt englisch, ist aber echt rheinisch: Wing ist Wein und Zupp ist Suppe.

WESTFÄLISCHER PUMPERNICKEL G.G.A.
Gedämpftes und sehr langsam gebackenes Brot aus Roggenvollkornschrot, sehr dunkel in der Farbe und süßlich im Geschmack. Es soll in Soest erfunden worden sein.

Hinweis: g.g.A. = EU-weit geschützte geografische Angabe (siehe S. 151)

Ümmers dobie ...

MAL FEIN, MAL HANDFEST

✳ SALATE UND SUPPEN ✳

EIFELER BUURESCHLAAT

Eifeler Landwirte bauen schon seit vielen Generationen Kartoffeln an. Hier gibt es Lössböden, auf denen die Erdäpfel bestens gedeihen. Normal, dass kaum ein Traditionsgericht hier ohne Kartoffel auskommt. Dieser Bauernsalat ist nur eines davon.

FÜR 2 PERSONEN

Für den Salat:
4 festkochende Kartoffeln
2 EL Olivenöl
1 Zwiebel
150 g durchwachsener Räucherspeck
Salz • Pfeffer aus der Mühle
4 Radieschen
ca. 80 g Endiviensalat
(4–5 Blätter; ersatzweise Frisée)

Für das Smoothie-Dressing:
½ Handvoll Feldsalat
1 Knoblauchzehe
100 ml frisch gepresster Orangensaft
1 EL Weißweinessig
2 EL Olivenöl
1 TL Honig
2 EL gemischte gehackte Kräuter (z.B. Petersilie, Schnittlauch, Basilikum)
Salz • Pfeffer aus der Mühle

1. **Für den Salat** die Kartoffeln schälen, waschen und in 1 bis 1 ½ cm große Würfel schneiden. Das Olivenöl in einer Pfanne erhitzen und die Kartoffeln darin kross anbraten. Die Hitze reduzieren und etwa 8 Minuten braten, dabei gelegentlich wenden.

2. Die Zwiebel schälen. Zwiebel und Speck in feine Würfel schneiden. Beides zu den Kartoffeln geben und alles unter Wenden weitere 5 Minuten braten, bis die Kartoffeln gar sind. Mit Salz und Pfeffer würzen. Abkühlen lassen.

3. Inzwischen die Radieschen putzen, waschen, in Achtel schneiden und in eine Salatschüssel geben. Die Salatblätter putzen, waschen, trocken schleudern, in feine Streifen schneiden und zu den Radieschen geben.

4. **Für das Smoothie-Dressing** den Feldsalat verlesen und waschen. Den Knoblauch schälen. Beides zusammen mit den übrigen Zutaten im Küchenmixer zerkleinern. Mit Salz und Pfeffer würzen.

5. Die Bratkartoffeln mit dem Salat mischen und alles mit dem Dressing verrühren. Sofort servieren.

aus der Eifel

Gönnen Sie den Bratkartoffeln ausreichend Zeit zum Garen. Bei zu hoher Hitze verbrennen sie einfach nur schnell.

ARBEITSZEIT: 20 MIN.

GARZEIT: 15 MIN.

RHEINISCHER SCHWARZBROT-TOMATEN-SALAT

SOMMER, SONNE, TOMATEN!

Dieser Salat ist Sommer pur! Zur heimischen Tomatensaison machen wir aus dem eigentlich typisch toskanischen Brotsalat eine NRW-Variante mit Schwarzbrot statt Ciabatta. Supergesund, superlecker!

FÜR 2 GROSSE ODER 4 KLEINE PORTIONEN

Für den Salat:
200 g rheinisches Schwarzbrot (oder anderes Schwarzbrot)
4 EL Öl
6 Scheiben durchwachsener Räucherspeck
300 g bunte Tomaten
½ rote Zwiebel
1 Frühlingszwiebel
6 getrocknete Tomaten (in Öl)
Salz • Pfeffer aus der Mühle
1 EL gehackte Petersilie
1 EL Schnittlauchröllchen

Für das Dressing:
4 EL Olivenöl
2 EL Wasser
3 EL Weißweinessig
1 EL rheinisches Apfelkraut (ersatzweise Honig)
½ TL mittelscharfer Senf
Salz • Pfeffer aus der Mühle

1. Für den Salat Schwarzbrot in grobe Würfel schneiden. In einer Schüssel mit dem Öl vermischen. Eine Pfanne erhitzen und die Brotwürfel darin bei mittlerer Temperatur braten, bis sie rundherum knusprig sind. Dabei nicht zu oft wenden. Aus der Pfanne nehmen und abkühlen lassen.

2. Die Speckscheiben bei mittlerer Hitze auf jeder Seite etwa 5 Minuten in der Pfanne braten, sodass das Fett langsam ausbrät und das Fleisch braun wird. Dann herausnehmen, auf Küchenpapier abtropfen und kross werden lassen.

3. Tomaten waschen und vierteln, dabei die Stielansätze entfernen. Die Tomaten in mundgerechte Stücke schneiden. Zwiebel schälen und in Streifen schneiden, Frühlingszwiebel putzen und in feine Ringe schneiden. Beides zu den Tomaten geben. Getrocknete Tomaten abtropfen lassen, klein schneiden und hinzufügen.

4. Für das Dressing alle Zutaten kräftig aufschlagen, mit Salz und Pfeffer würzen und über den Salat geben. Salat etwa 20 Minuten ziehen lassen, dann mit Salz und Pfeffer abschmecken und die Kräuter untermischen.

5. Krossen Speck mit dem Messer in feine Chips schneiden. Kurz vor dem Servieren die Brotwürfel und Speckchips über den Salat geben.

aus Nordrhein-Westfalen

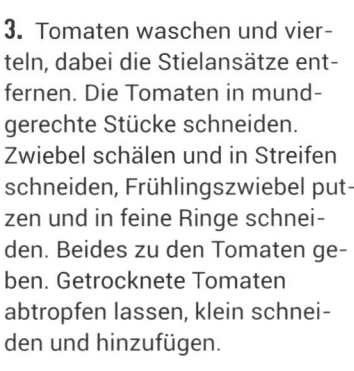

ARBEITSZEIT: 30 MIN.

ZIEHZEIT: 20 MIN.

EIFELER KNUDELSALAT

Die Nudelklößchen aus NRW sind ein traditionelles Armeleuteessen. Die Zutaten für einen einfachen Nudelteig hatten die Familien immer im Haus. Knudeln machen richtig gut satt und passen zu fast allen Fleisch- und Gemüsesorten.

FÜR 2 PERSONEN

Für die Knudeln:
200 g Weizenmehl
150 g Hartweizengrieß
Salz • 2 Eier • 60 ml Milch

Für das Grillgemüse:
½ rote Paprikaschote
½ Zucchini
1 Stück Lauch (ca. 10 cm vom weißen Abschnitt)
kalt gepresstes Rapsöl zum Bestreichen
Meersalz

Für das Dressing:
1 sehr frisches Ei
ca. 4 EL kalt gepresstes Rapsöl
½ TL mittelscharfer Senf
Salz • Pfeffer aus der Mühle
1 TL Weißweinessig
1 TL Rübenkraut
1 Gewürzgurke
1 EL gemischte gehackte Kräuter (z.B. Schnittlauch, Petersilie, Dill, Basilikum)

1. **Für die Knudeln** Mehl, Grieß und ½ TL Salz in einer Schüssel mischen. Die Eier hinzufügen. Mit den Knethaken des Handrührgeräts zu einem Teig verkneten. Dabei nach und nach Milch und bei Bedarf lauwarmes Wasser hinzufügen. Teig in Folie wickeln und mindestens 30 Minuten in den Kühlschrank legen.

2. **Für das Grillgemüse** den Backofengrill vorheizen. Die Paprika entkernen, waschen, trocken tupfen und in mundgerechte Stücke schneiden. Zucchini und Lauch waschen, trocken tupfen und in etwa ½ cm dicke Scheiben schneiden. Lauchringe nach Belieben kurz in etwas Öl anbraten. Gemüse auf einem mit Backpapier ausgelegten Backblech ausbreiten, mit etwas Öl bestreichen und mit Salz würzen. Gemüse unter dem Ofengrill auf beiden Seiten rösten, bis es leicht gebräunt ist. Herausnehmen und auf Küchenpapier abkühlen lassen. Paprikastücke nach Belieben häuten.

3. Knudelteig aus dem Kühlschrank nehmen, durchkneten. Salzwasser in einem Topf aufkochen. Mit einem Löffel kleine Teigstücke abstechen. Knudeln im siedenden Wasser gar ziehen lassen. Die Klößchen sind fertig, wenn sie an die Oberfläche steigen. Knudeln aus dem Wasser heben, kalt abschrecken und abtropfen lassen.

4. **Für das Dressing** das Ei in einem hohen Rührbecher mit dem Stabmixer aufschlagen. Öl und Senf dazugeben und weitermixen, bis eine cremige Mayonnaise entsteht. Damit sie fester wird, ggf. noch etwas Öl hinzufügen. Mayonnaise mit Salz, Pfeffer, Essig und Rübenkraut würzen. Gewürzgurke klein schneiden und mit den Kräutern unter das Dressing mischen.

5. Etwa 250 g Knudeln in einer Salatschüssel mit dem Gemüse und dem Dressing mischen und mit Salz und Pfeffer würzen.

ARBEITSZEIT: 50 MIN.

RUHEZEIT: 30 MIN.

GARZEIT: 30 MIN.

WESTFÄLISCHE HOCHZEITSSUPPE

Diese kräftige Brühe hat eine farbenfrohe, reichhaltige Einlage und landete in Westfalen zu Recht als typische Vorspeise bei Hochzeiten auf dem Tisch. Heute gehört sie in dieser Region auch in Wirtshäusern zum Suppen-Standard.

FÜR 2 PERSONEN

Für die Fleischbrühe:

500 g Rindfleisch (z.B. Bein-
scheibe, Ochsenbrust oder
Tafelspitz)
1 Stück Markknochen
½ Zwiebel
100 g Möhre
100 g Knollensellerie
50 g Petersilienwurzel
50 g Lauch
2 getr. Lorbeerblätter
Salz • Pfeffer aus der Mühle
frisch geriebene Muskatnuss

Für den Eierstich:

100 ml Milch • 1 Ei
Salz • Pfeffer aus der Mühle
frisch geriebene Muskatnuss
1 TL Butter für die Form

Für die Einlage:

100 g feine, rohe Bratwurst
2 Blumenkohlröschen

1. **Für die Fleischbrühe** 1 l Wasser, Suppenfleisch und Markknochen aufkochen und etwa 20 Minuten kochen lassen.

2. Die Schnittfläche der halben Zwiebel in einer kleinen Pfanne kräftig anrösten. Möhre, Knollensellerie, Petersilienwurzel und Lauch putzen, schälen bzw. waschen und mit der Zwiebel, den Lorbeerblättern, Salz, Pfeffer und 1 Prise Muskatnuss in die kochende Brühe geben. Alles ohne Deckel 3 Stunden sanft köcheln lassen. Ab und zu den grauen Schaum abschöpfen. Nach etwa 30 Minuten Möhre, Knollensellerie, Petersilienwurzel und Lauch aus der Brühe nehmen und beiseitestellen.

3. **Für den Eierstich** den Backofen auf 150 °C vorheizen. Milch, Ei sowie je 1 Prise Salz, Pfeffer und Muskatnuss miteinander verquirlen. Eine kleine ofenfeste Form mit Butter einfetten und die Eiermasse hineingeben. Die Form in eine größere ofenfeste

Form setzen und diese etwa bis zur Hälfte mit kochendem Wasser füllen. Eierstich im Ofen auf der mittleren Schiene im Wasserbad etwa 20 Minuten stocken lassen. Herausnehmen, abkühlen lassen, stürzen und in Würfel schneiden.

4. Nach der Garzeit Knochen und Fleisch aus der Brühe nehmen und die Brühe durch ein feines Sieb in einen Topf abgießen. Mit Salz und Pfeffer abschmecken. Das Rindfleisch in mundgerechte Stücke schneiden.

5. Die Fleischbrühe nochmals zum Kochen bringen. Bratwurstbrät aus der Pelle drücken und zu kleinen Klößchen formen. Blumenkohl in kleinere Röschen teilen und mit den Bratwurstklößchen kurz in der Suppe aufkochen. Gegartes Gemüse in sehr kleine Würfel oder Ringe schneiden und mit dem Rindfleisch in die Suppe geben. Zuletzt den Eierstich hinzufügen.

Die Einlage kann man nach Belieben variieren. Die traditionelle Suppe ist damit ein Gaumenschmaus, der nie langweilig wird.

ARBEITSZEIT: 25 MIN.

GARZEIT: 3 ½ STD.

BACKZEIT: 20 MIN.

SIEGERLÄNDER SCHNITTLAUCHSUPPE

WÜRZIGER, CREMIGER GENUSS

„Beeslaufsoabbe" ist eine schöne Variante der Kartoffelsuppe. Sie ist feiner als die typischen nordrhein-westfälischen Erdäpfeleintöpfe mit reichlich Fleischbeigabe. Traditionell werden dazu hart gekochte Eier serviert, unsere Variante gibt es mit pochierten Eiern.

FÜR 2 PERSONEN

Für die Suppe:
250 g mehligkochende Kartoffeln
¾ l Gemüsebrühe
100 g Sahne
Salz • Pfeffer aus der Mühle
1 EL Essig
1 Bund Schnittlauch (50 g)
50 g durchwachsener Räucherspeck (in Würfeln)

Für die pochierten Eier:
1 EL Essig
2 sehr frische Eier

1. Für die Suppe die Kartoffeln schälen, waschen und in Würfel schneiden. In der Brühe gar kochen und mit dem Stabmixer fein pürieren. Die Sahne hinzufügen, Suppe mit Salz, Pfeffer und dem Essig würzen und warm halten. Um die gewünschte Konsistenz zu erzielen, bei Bedarf weitere Brühe hinzufügen.

2. Schnittlauch waschen, trocken schütteln und in feine Röllchen schneiden. Speckwürfel in einer Pfanne kross braten.

3. Für die pochierten Eier in einem Topf Wasser mit dem Essig zum Kochen bringen und die Eier einzeln in Tassen aufschlagen.

4. Wasser kräftig in eine Richtung rühren, um einen Strudel zu erzeugen, und die Eier vorsichtig in das siedende Wasser gleiten lassen. Das Wasser soll nicht sprudelnd kochen! Eier 4 bis 5 Minuten gar ziehen lassen, dann mit dem Schaumlöffel vorsichtig herausheben.

5. Schnittlauch bis auf 2 EL in die Suppe rühren. Die Suppe in tiefe Teller füllen, je 1 pochiertes Ei dazugeben und mit dem gebratenen Speck und etwas Schnittlauch bestreut servieren.

aus dem Siegerland

Schnittlauch hält sich am besten, wenn man die Halme in feuchtes Küchenpapier wickelt und dann in einem Plastikbeutel in den Kühlschrank legt.

ARBEITSZEIT: 20 MIN.

GARZEIT: 30 MIN.

DÜSSELDORFER SENFSUPPE

Natürlich schmeckt Düsseldorfer Senf bestens zu all den schweinefleischlastigen Gerichten, die man in NRW so gerne isst. In Düsseldorf wird mit der heimischen Spezialität aber auch richtig gekocht, so zum Beispiel diese würzige Senfsuppe.

FÜR 2 PERSONEN

½ Stange Lauch
1 rote Zwiebel
1 EL Butter
1 EL Mehl
200 ml Gemüsebrühe
50 ml Altbier (ersatzweise mehr Gemüsebrühe)
200 g Sahne
1 EL scharfer Düsseldorfer Senf
1 EL mittelscharfer Düsseldorfer Senf
Salz • Pfeffer aus der Mühle
1 EL gehackte Petersilie

1. Lauch waschen, längs vierteln und in kleine Stücke schneiden. Zwiebel schälen und in feine Würfel schneiden. Beides in einem Topf in der Butter andünsten und mit Mehl bestäuben. Brühe, Altbier, Sahne und beide Senfsorten hinzufügen, aufkochen lassen und etwa 15 Minuten köcheln lassen. Mit Salz und Pfeffer würzen.

2. Senfsuppe in Tellern anrichten und mit Petersilie bestreut servieren. Dazu schmeckt gebuttertes Landbrot.

ÜBRIGENS: Selbst van Gogh hatte wohl eine heimliche Schwäche für den Düsseldorfer Senf: 1884 verewigte er das typische Steinguttöpfchen mit dem blauen Anker, in dem heute noch Deutschlands ältester Mostert – der seit 1726 hergestellte ABB-Senf – verkauft wird, in seinem Gemälde „Stillleben mit Steingut, Flasche und Schachtel".

Der Begriff „Düsseldorfer Mostert" ist EU-weit eine geschützte geographische Angabe - der Senf muss in der Landeshauptstadt Nordrhein-Westfalens nach Rezepturen von 1726 hergestellt werden.

ARBEITSZEIT: 20 MIN.

GARZEIT: 15 MIN.

SAUERAMPFER-CAPPUCCINO MIT KRÄUTERSCHAUM

Aus Sauerampfer, den man in der Saison in Gemüseläden oder auf der Wiese findet, wurde in NRW schon seit dem 19. Jahrhundert eine Suppe gekocht – Aufzeichnungen darüber haben wir in einem Kochbuch sowie in einer Kirchenzeitung gefunden.

FÜR 2 PERSONEN

Für den Cappuccino:
100 g Sauerampfer
½ Zwiebel
1 süßer Apfel
1 EL Olivenöl
50 ml naturtrüber Apfelsaft
¼ l Gemüsebrühe
150 g Sahne
Salz · Pfeffer aus der Mühle

Für den Kräuterschaum:
4 EL Sahne
4 EL Milch
1 EL gemischte gehackte Kräuter (Petersilie, Schnittlauch, Estragon)
Salz

Außerdem:
4 Scheiben durchwachsener Räucherspeck

1. Den Backofen auf 180 °C (Umluft) vorheizen. Speck zu Stangen aufrollen. Dazu an beiden Enden halten und gegeneinander verdrehen. Speckstangen auf ein mit Backpapier ausgelegtes Backblech legen und im Ofen 10 bis 15 Minuten rösten, bis sie leicht braun werden. Mit der Küchenzange herausnehmen und auf Küchenpapier abkühlen lassen.

2. Für den Cappuccino den Sauerampfer putzen, waschen und in grobe Stücke schneiden. Zwiebel schälen und klein schneiden. Den Apfel schälen, vierteln und das Kerngehäuse entfernen. Zwiebel und Apfel mit dem Sauerampfer in einem Topf im Olivenöl anschwitzen. Mit Saft und Brühe ablöschen. Die Sahne hinzufügen und alles etwa 10 Minuten köcheln lassen, dann mit dem Stabmixer pürieren. Die Suppe durch ein feines Sieb passieren und mit Salz und Pfeffer würzen.

3. Für den Kräuterschaum Sahne und Milch in einem sehr kleinen Topf aufkochen. Kräuter mit 1 Prise Salz im Mörser zu einer Paste zerdrücken. Kräuterpaste zum Milch-Sahne-Mix geben und alles mit dem Milchaufschäumer oder einem kleinen Schneebesen schlagen, bis sich Schaum bildet. Bei größeren Portionen den Stabmixer verwenden.

4. Suppe mit einer kleinen Kelle in Tassen oder Gläser füllen. Schaum mit dem Löffel auf die Suppe geben, Speckstangen auf den Tassen anrichten.

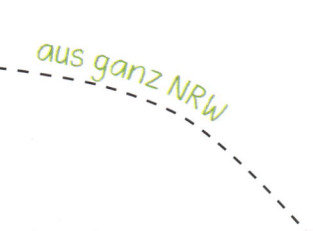

aus ganz NRW

Als Stichtag für die letzte Ernte gilt – wie bei Rhabarber – der 24. Juni. Ab dann nimmt die Konzentration der Oxalsäure im Sauerampfer stark zu. Alternativ passt auch jedes andere Wildkraut

ARBEITSZEIT: 25 MIN.

GARZEIT: 15 MIN.

BACKZEIT: 15 MIN.

WESTFÄLISCHE BIERSUPPE

Bis weit ins 19. Jahrhundert war süße Biersuppe in ganz Westfalen ein verbreitetes Frühstück, das auch Kindern vorzüglich schmeckte. Bier galt als gesund und nahrhaft. Dann kam der Kaffee in unsere Gefilde und mit dem Frühstücksbierchen war Schluss.

FÜR 2 PERSONEN

400 ml Milch
25 g Speisestärke
1 Vanilleschote
Salz
120 g Zucker
abgeriebene Schale von
1 Bio-Orange
400 ml Bier
2 Eier
2 TL Pistazienkerne

1. Von der kalten Milch 4 EL abnehmen und mit der Speisestärke verrühren. Vanilleschote längs aufschneiden und das Mark herauskratzen. Restliche Milch mit 1 Prise Salz, 80 g Zucker, Vanillemark und der ausgekratzten Vanilleschote sowie der Orangenschale in einem Topf zum Kochen bringen.

2. Angerührte Speisestärke in die kochende Milch gießen und alles unter Rühren so lange kochen, bis die Flüssigkeit bindet. Jetzt langsam das Bier hinzufügen und die Biersuppe noch einmal aufkochen lassen.

3. Die Eier trennen. Eiweiße mit dem restlichen Zucker steif schlagen. 1 Eigelb mit etwas Wasser vermischen und in die leicht köchelnde Biersuppe einrühren (restliches Eigelb anderweitig verwenden).

4. Von dem steifen Eiweiß mit einem Löffel kleine Nocken abstechen, auf die Biersuppe setzen, den Topf mit einem Deckel verschließen und die Nocken bei schwacher Hitze 5 Minuten ziehen lassen, bis das Eiweiß fest wird.

5. Die Suppe vorsichtig in Schalen füllen. Pistazien grob hacken und darüberstreuen.

aus Westfalen

Im Münsterland wird Biersuppe am Karfreitag zur typischen Fasten-speise Struwen (Hefepfannkuchen) serviert Viele nehmen gern Malzbier als alkoholfreie Alternative.

ARBEITSZEIT: 20 MIN.

GARZEIT: 15 MIN.

HERZHAFTE WURZELSTIPPELSE

DEFTIGER, WÄRMENDER GEMÜSETOPF

Diese Spezialität aus Ostwestfalen-Lippe ist ein typisches „Durchgemüse" –
ein dicker Eintopf, bei dem Wurzelgemüse und Suppengrün mit Fleisch
zu einer deftigen Mahlzeit gekocht werden.

FÜR 4 PERSONEN

400 g festkochende Kartoffeln
1 Zwiebel
250 g Möhren
3 EL Öl
150 g Kassler (in Scheiben)
einige Blättchen Liebstöckel
(frisch oder getrocknet)
Salz • Pfeffer aus der Mühle
1 l Gemüsebrühe
250 g grüne Bohnen (frisch
oder tiefgekühlt)
1 großer Apfel (z.B. Boskoop)

1. Kartoffeln und Zwiebel schälen und in Würfel schneiden. Möhren putzen, schälen und in Scheiben schneiden.

2. Öl in einem Topf erhitzen, Kartoffeln, Zwiebel und Möhren darin anbraten. Kasslerscheiben hinzufügen und anrösten. Mit Liebstöckel, Salz und Pfeffer würzen. Nach einigen Minuten die Brühe angießen und alles rund 15 Minuten köcheln lassen.

3. Kasseler herausnehmen und abkühlen lassen. Frische Bohnen putzen, waschen und halbieren. Apfel vierteln, schälen, entkernen und würfeln. Apfelwürfel und Bohnen zur Suppe geben und alles zugedeckt weitere 15 Minuten köcheln lassen. Mit Salz und Pfeffer abschmecken.

4. Kassler in mundgerechte Stücke schneiden, in die Suppe geben und kurz erwärmen. Wurzelstippelse mit kräftigem Landbrot oder Roggenbrötchen und Butter servieren.

aus Ostwestfalen-Lippe

Das verwendete Gemüse kann man variieren – je nachdem, was der Kühlschrank so hergibt

ARBEITSZEIT: 25 MIN.

GARZEIT: 45 MIN.

WINGZUPP – WEINSUPPE MIT HUHN

Weinanbau rund um Bonn gibt es seit der Römerzeit. Für die einfachen Bürger war Wein dennoch eine Rarität. Jeder Tropfen war kostbar, auch wenn der Rebensaft damals oft „ne suure Hungk" – ein saures Ding – war. Eine Weinsuppe war also etwas ganz Besonderes.

FÜR 2–3 PERSONEN

Für die Hühnerbrühe:

1 Zwiebel
3 Möhren
½ Sellerieknolle
1 Stange Lauch
3 Hähnchenkeulen
1 getr. Lorbeerblatt
1 TL schwarze Pfefferkörner
3 Pimentkörner
1 gestrichener EL Salz

Für die Suppe:

15 g Butter
20 g Mehl
600 ml der selbst gekochten Hühnerbrühe
125 ml trockener Riesling
Salz • Pfeffer aus der Mühle
Zucker

1. Für die Hühnerbrühe die Zwiebel schälen, halbieren und ohne Fett auf den Schnittflächen in einer Pfanne kräftig anrösten. Möhren und Sellerie putzen, schälen und in feine Würfel schneiden. Lauch putzen, halbieren, waschen und in feine Halbringe schneiden. Hähnchenkeulen waschen und trocken tupfen.

2. Hähnchenkeulen, Gemüse, Lorbeerblatt, Pfefferkörner, Pimentkörner und Salz in einen großen Topf geben. So viel Wasser angießen, bis alles gut bedeckt ist. Bei schräg aufgelegtem Deckel zum Kochen bringen und bei schwacher bis mittlerer Hitze 1 ½ Stunden sanft köcheln lassen.

3. Nach 10 Minuten die Hälfte des Suppengemüses mit dem Schaumlöffel aus der Suppe heben und beiseitestellen. Falls der Hühnerfond während der Kochzeit Schaum bildet, diesen regelmäßig mit dem Schaumlöffel abschöpfen.

4. Nach der Garzeit die Hähnchenkeulen aus der Suppe heben, häuten und das Fleisch in mundgerechte Stücke zupfen. Hühnerbrühe durch ein feines Sieb gießen und mit Salz abschmecken. Abkühlen lassen.

5. Für die Suppe die Butter bei mittlerer Hitze in einem Topf zerlassen. Das Mehl mit dem Schneebesen untermischen und unter Rühren hellbraun rösten. Die abgekühlte Hühnerbrühe und den Weißwein angießen, dabei ständig weiterrühren. Alles zum Kochen bringen und bei mittlerer Hitze etwa 10 Minuten sanft köcheln lassen, bis die Suppe bindet. Die Suppe mit Salz, Pfeffer und 1 großzügigen Prise Zucker abschmecken.

6. Etwas Hühnerfleisch und beiseitegestelltes Suppengemüse vor dem Servieren in der Suppe erwärmen.

aus dem Rhein-Sieg-Kreis

Im Siebengebirge und südlich von Bonn wird immer noch Wein angebaut: in Königswinter, Oberdollendorf und Rhöndorf. Die Großlage heißt Petersberg.

ARBEITSZEIT: 25 MIN.

GARZEIT: 110 MIN.

WARTEZEIT: 1 STD.

WESTFÄLISCHES BLINDHUHN

KLASSIKER FÜR KALTE TAGE

Das westfälische Nationalgericht ist ein Gemüse-Bohnen-Eintopf ohne Huhn! Typisch ist, dass Birnen hineingeschnitten werden. In Kombination mit säuerlichen Äpfeln und etwas Essig wird das Ganze ein süßsaurer Hochgenuss.

FÜR 2 PERSONEN

1 kleine Zwiebel
100 g durchwachsener Räucherspeck
½ l Gemüsefond
100 g grüne Bohnen
1 Möhre
1 Stiel Bohnenkraut
2 Stiele Petersilie
100 g gekochte weiße Bohnen mit Kochsud (z.B. aus der Dose)
1 getr. Lorbeerblatt
Salz • Pfeffer aus der Mühle
1 Frühlingszwiebel
2 große festkochende Kartoffeln
½ säuerlicher Apfel
½ Birne
Mehl zum Binden (nach Belieben)
1 EL Weißweinessig
2 EL Schnittlauchröllchen

1. Die Zwiebel schälen und in feine Würfel schneiden. Räucherspeck in mundgerechte Stücke schneiden und mit den Zwiebelwürfeln in einem Topf bei mittlerer Hitze auslassen. Den Gemüsefond angießen und aufkochen lassen.

2. Bohnen putzen, waschen und halbieren. Möhre putzen, schälen und in Scheiben schneiden. Bohnenkraut und Petersilie waschen und trocken schütteln. Weiße Bohnen mit Sud, grüne Bohnen, Möhre, Kräuter und Gewürze in die Suppe geben und alles zugedeckt 20 bis 25 Minuten köcheln lassen.

3. Frühlingszwiebel putzen, waschen und in feine Ringe schneiden. Kartoffeln schälen, waschen und in Würfel schneiden. Apfel und Birne schälen, halbieren und entkernen. Obstviertel in kleine Stückchen schneiden. Nach etwa 10 Minuten Garzeit in die Suppe geben. Ist das Gemüse gar, die Kräuter und das Lorbeerblatt entfernen.

4. Blindhuhn ist traditionell eine sämige Suppe. Wer möchte, kann etwas Mehl mit kaltem Wasser verrühren und die Suppe damit andicken – dafür nochmals aufkochen und dabei umrühren. Den Blindhuhn-Eintopf mit Salz, Pfeffer und Essig würzen und mit Schnittlauch bestreut servieren.

TIPP: Dazu passen Mettenden – einfach klein schneiden und in der Suppe warm werden lassen.

Dieses Rezept ist die Blitzversion. Wer Zeit hat, kocht frischen Gemüsefond und weicht die Bohnen über Nacht selbst ein.

ARBEITSZEIT: 30 MIN.

GARZEIT: 30 MIN.

Mach hinne,

ich schieb Kohldampf

DEFTIG UND PIKANT

* ESSEN AUF DIE HAND *

RÄUCHERFORELLENTATAR MIT KRÄUTERSCHMAND

Die Forellenzucht hat in der Eifel Tradition. Bis heute gibt es Betriebe, die eigene Laichfische haben – die gesamte Erzeugung findet in Eifelgewässern statt. Mit geräucherten, saftigen Filets zaubern wir ein edles, leichtes Gericht – perfekt für Gäste.

FÜR 2 PERSONEN

Für das Forellentatar:

2–3 geräucherte Forellenfilets
(z.B. aus der Eifel oder dem
Bergischen Land; ca. 200 g)
80 g Salatgurke
2 Stiele Dill
Saft von 1 Limette
Salz • Pfeffer aus der Mühle

Für den Kräuterschmand:

Grün von 1 Frühlingszwiebel
2 Stiele Petersilie
2 Stiele Koriandergrün
200 g Schmand
Saft von ½ Zitrone
1 TL Olivenöl
1 TL flüssiger Honig
Salz • Pfeffer aus der Mühle

Außerdem:

1 EL Butter
2 Scheiben rheinisches
Schwarzbrot oder Graubrot

1. Für das Forellentatar die Forellenfilets in kleine Stücke schneiden. Die Gurke schälen, die Kerne mit einem Teelöffel herauskratzen und das Fruchtfleisch fein würfeln. Dill waschen und trocken tupfen, Spitzen fein hacken. Forelle, Gurke und Dill mischen und mit dem Limettensaft marinieren. Mit Salz und Pfeffer würzen. Im Kühlschrank etwa 30 Minuten ziehen lassen.

2. Für den Kräuterschmand die Frühlingszwiebel putzen, waschen und in sehr feine Ringe schneiden. Kräuter waschen und trocken schütteln, Blätter abzupfen und fein hacken. Schmand mit der Frühlingszwiebel, den gehackten Kräutern, Zitronensaft, Olivenöl und Honig verrühren. Mit Salz und Pfeffer würzen.

3. Die Butter in einer Pfanne erhitzen. Die Brotscheiben halbieren und in der Butter knusprig braten, auf Küchenpapier entfetten, abkühlen und kross werden lassen. Tatar und Schmand auf den gerösteten Brotscheiben verteilen und sofort servieren.

TIPP: Natürlich muss die Forelle nicht aus der Eifel stammen. Allerdings gilt hier besonders: Das Gericht schmeckt nur so gut, wie der Fisch ist!

aus der Eifel

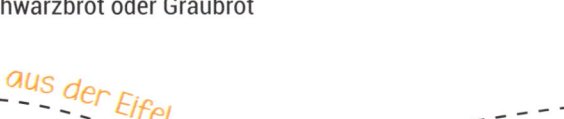

ARBEITSZEIT: 25 MIN.

ZIEHZEIT: 30 MIN.

NRW-VEGGIEBURGER

Was ist denn an Soja regional?! Gleich zwei Dinge: Auch in NRW werden Sojabohnen angebaut, nicht viele, aber immer mehr, wie in Ostwestfalen. Und in Beckum liegt der Firmensitz eines der ältesten und größten Sojaproduktherstellers Deutschlands.

FÜR 2 PERSONEN

Für die pikante Sauce:
1 Scheibe Schwarzbrot
½ Chilischote
½ TL abgeriebene Bio-Zitronen-
schale • 1 EL Rübenkraut
1 EL Aceto balsamico
Salz • Pfeffer aus der Mühle

Für die Patties:
80 g Tofu • 50 g Paniermehl
1 Ei • 1–2 Frühlingszwiebeln
2 Stiele Petersilie
5 Basilikumblätter
1 Knoblauchzehe
1 EL Senf • 1 TL Paprikapaste
1 TL geräuchertes Paprikapulver
1 TL getr. Oregano
Cayennepfeffer
Salz • Pfeffer aus der Mühle
2 EL Pinienkerne • 2 EL Olivenöl

Außerdem:
1 Gewürzgurke • 1 Tomate
2 Burgerbrötchen
1 TL Senf • 2 Salatblätter

1. Für die pikante Sauce das Schwarzbrot zerkleinern und mit 200 ml Wasser in einen kleinen Topf füllen. Chilischote längs halbieren, entkernen, waschen und in feine Würfel schneiden.

2. Chili, abgeriebene Zitronen-schale, Rübenkraut und Essig sowie 1 Prise Salz und Pfeffer zum Schwarzbrot hinzufügen. Alles gut vermischen. Sauce rund 10 Minuten sprudelnd ko-chen lassen, die Hitze reduzieren und die Sauce dicklich einko-chen. Abkühlen lassen und mit Salz und Pfeffer abschmecken.

3. Für die Patties den Tofu zer-drücken, Paniermehl und Ei hin-zufügen. Frühlingszwiebeln put-zen, waschen und in feine Ringe schneiden. Kräuter waschen, trocken tupfen und fein hacken. Knoblauch schälen und in feine Würfel schneiden.

4. Alles zum Tofu geben und mit Senf, Paprikapaste, geräucher-tem Paprikapulver, Oregano,

1 Prise Cayennepfeffer, Salz und Pfeffer würzen. Pinienkerne in einer Pfanne ohne Fett rösten, zur Tofumasse geben und alles zu einer homogenen Masse ver-rühren. Mit angefeuchteten Hän-den zu 2 gut 1 cm dicken Patties formen. Patties auf dem Grill oder in der Pfanne im Olivenöl etwa 4 Minuten auf jeder Seite goldbraun braten.

5. Gewürzgurke und Tomate in Scheiben schneiden. Burgerbröt-chen aufschneiden und die Schnittflächen auf dem Grill oder in der Pfanne 2 bis 3 Minuten rösten. Noch warme Burgerbröt-chen auf den unteren Schnittflä-chen mit etwas Senf bestrei-chen. Darauf je 1 Salatblatt und 1 Veggie-Patty schichten. Die-ses mit reichlich pikanter Sauce beträufeln und mit Tomaten und Gurkenscheiben belegen. Obere Brötchenhälfte aufsetzen und die Burger sofort servieren.

Wer das Veggie-Patty lieber vegan haben möchte, kann das Ei durch in Wasser aufgelöstes Sojamehl ersetzen.

ARBEITSZEIT: 35 MIN.

GARZEIT: 30 MIN.

SIEGERLÄNDER KRÜSTCHEN „DE LUXE"

EIN SCHNITTCHEN, DAS EINDRUCK SCHINDET

Schnitzel auf Brot mit Spiegelei – diese geniale Komposition gilt als „Sejerlänner" Nationalgericht. Wir setzen ja immer gern noch einen drauf, die Panade wird nussig und für alle, die zu viel Zeit haben, gibt es noch eine Spielerei mit dem Ei.

FÜR 2 PERSONEN

Für die Eigelbcreme:
2 Eier • 2 EL Butter
1 EL Schnittlauchröllchen
1 TL abgeriebene Bio-Zitronen-
schale • 1 TL grober süßer Senf
½ TL mittelscharfer Senf
2 TL Crème fraîche
Salz • Pfeffer aus der Mühle
2 Ringe von 1 roten Paprikaschote

Für die Schnitzel:
2 Schweineschnitzel (à 150 g)
Salz • Pfeffer aus der Mühle
ca. 4 EL Mehl • 2 Eier
50 g Paniermehl
50 g gemahlene Haselnüsse
3 EL Butterschmalz zum Braten

Außerdem:
2 Scheiben Roggenbrot
1 EL Butter

1. **Für die Eigelbcreme** die Eier trennen. Eiweiße beiseitestellen. Backofen auf 160°C vorheizen. Eine ofenfeste Form mit kochendem Wasser füllen. Eine kleine ofenfeste Form mit 1 EL Butter fetten, Eigelbe hineingeben und mit Alufolie abdecken. Die Form ins Wasserbad setzen und die Eigelbe im Ofen 10 bis 15 Minuten stocken lassen.

2. Eigelbe abkühlen lassen, mit einer Gabel zerdrücken und mit Schnittlauch, abgeriebener Zitronenschale, beiden Senfsorten und Crème fraîche vermischen. Mit Salz und Pfeffer würzen.

3. In einer Pfanne restliche Butter erhitzen. Paprikaringe hineinlegen und bei mittlerer Hitze auf einer Seite anbraten, wenden. Die 2 Eiweiße in die beiden Ringe geben und bei schwacher Hitze etwa 5 Minuten stocken lassen. Mit Salz und Pfeffer würzen.

4. **Für die Schnitzel** das Fleisch dünner klopfen. Mit Salz und Pfeffer würzen. Mehl in einen tiefen Teller geben. Die Eier in einem zweiten Teller verquirlen. Paniermehl und Haselnüsse in einem dritten Teller mischen. Fleisch im Mehl wenden, durch die Eier ziehen und in der Nusspanade wenden. Butterschmalz in einer beschichteten Pfanne erhitzen und die Schnitzel darin auf jeder Seite jeweils etwa 3 Minuten braten. Schnitzel herausnehmen und kurz auf Küchenpapier entfetten.

5. Brote mit Butter bestreichen und auf zwei Brettchen platzieren. Schnitzel darauflegen, den mit Eiweiß befüllten Paprikaring auf das Schnitzel setzen und die Eigelbcreme darauf anrichten.

TIPP: Dazu schmeckt ein Salat aus Radieschen, Schalotten und Gewürzgurken mit einer Vinaigrette aus Essig, Öl und Senf, garniert mit gehackter Petersilie.

aus dem Siegerland

Damit das Ganze nicht zu eiweißlastig wird, ist ein feiner Salat die perfekte Beilage zu der rustikalen Mahlzeit

ARBEITSZEIT: 30 MIN.

GARZEIT: 20 MIN.

BACKZEIT: 15 MIN.

KOTTENBUTTER „SCHWARZBROT-SANDWICH"

MACHT SATT, MACHT GLÜCKLICH

Einfach, lecker, nahrhaft – so ist der Brotzeitklassiker aus dem Bergischen Land. Früher belegte man sein Brot eigentlich nicht, aber zum Mitnehmen auf Schicht in den Schleifkotten (Schleifwerkstätten) waren die Stullen perfekt.

FÜR 2 PERSONEN

Für die Senfcreme:
1 TL körniger Senf
1 TL mittelscharfer Senf
4 EL Crème fraîche
1 TL Honig
½ TL edelsüßes Paprikapulver
Salz • Pfeffer aus der Mühle

Für die Röstzwiebeln:
1 Zwiebel
1 EL Mehl
Sonnenblumenöl zum Frittieren

Außerdem:
250 g geräucherte Schweine-mettwurst (wenn möglich, die originale Kottenwurst aus dem Bergischen Land)
4 Scheiben Schwarzbrot
2 EL Butter

1. **Für die Senfcreme** beide Senfsorten, Crème fraîche und Honig glatt rühren. Mit Paprikapulver sowie Salz und Pfeffer abschmecken.

2. **Für die Röstzwiebeln** die Zwiebel schälen, in dünne Scheiben schneiden und mit Mehl bestäuben. Öl in einer kleinen Pfanne erhitzen und die Zwiebelscheiben darin goldbraun frittieren. Aus dem Fett nehmen und gut verteilt auf Küchenpapier abkühlen lassen.

3. Die Mettwurst in Scheiben schneiden. Schwarzbrot mit Butter bestreichen und 2 Scheiben mit Mettwurstscheiben belegen. Mettwurst mit Senfcreme beträufeln und mit Röstzwiebeln bestreuen.

4. Mit den restlichen Schwarzbrotscheiben bedecken und jedes Sandwich halbieren.

lecker

aus dem Bergischen Land

RHEINISCHER HOTDOG

Na klar, der Hotdog ist nicht typisch NRW, aber wir geben der Wurst im Brötchen den ultimativ regionalen Touch. Das Sauerkraut – ein heimischer Klassiker. Die rheinische Bratwurst wird im (Alt-)Biersud mariniert. Und immer dabei: bester NRW-Senf.

FÜR 2 PERSONEN

Für das Sauerkraut:

2 Zwiebeln • Öl zum Braten
30 g Zucker • 20 g durch-
wachsener Räucherspeck (in
Würfeln) • 200 g Sauerkraut
2 getr. Lorbeerblätter • 8 Wacholderbeeren (angedrückt)
Salz • Pfeffer aus der Mühle

Für die Bratwürste:

1 Zweig Rosmarin
3 Zweige Thymian • 150 ml Bier
(z.B. Alt oder Kölsch)
150 ml Gemüsebrühe
1 angedrückte Knoblauchzehe
1 getr. Lorbeerblatt
2 rheinische Bratwürste (feine,
rohe Bratwurst)
2 EL kalte Butter

Außerdem:

½ rote Zwiebel • 2 Hotdog-
Brötchen • 2 EL Düsseldorfer
Senf • 2 TL Röstzwiebeln
(Fertigprodukt)

1. Für das Sauerkraut die Zwiebeln schälen, halbieren und in dünne Halbringe schneiden. Das Öl in einem Topf erhitzen und die Zwiebeln darin kräftig braun braten. Zucker und Speck hinzufügen und den Zucker leicht karamellisieren. Sauerkraut, Lorbeerblätter und Wacholder mit 80 ml Wasser in den Topf geben und das Sauerkraut 15 bis 20 Minuten auf mittlerer Stufe zugedeckt köcheln. Danach mit Salz und Pfeffer würzen, Lorbeerblätter und Wacholderbeeren entfernen.

2. Für die Bratwürste Rosmarin und Thymian waschen und trocken schütteln. Das Bier mit Brühe, Knoblauch, Lorbeerblatt und Kräutern in einem Topf aufkochen lassen, dann Hitze reduzieren und die Bratwürste hinzufügen. Köcheln lassen, bis die Bratwürste heiß sind und der Sud eingedickt ist. Würstchen herausnehmen und abtropfen lassen. Kalte Butter unter die Sauce rühren.

3. Die rote Zwiebel schälen und in dünne Ringe schneiden. Bratwürste auf dem Grill oder in einer Grillpfanne knusprig grillen. Hotdog-Brötchen auf dem Grill oder unter dem Backofengrill rundherum leicht rösten, dann längs so einschneiden, dass sie noch an einer Seite zusammenhängen. Sauerkraut auf die aufgeklappten Brötchen verteilen. Bratwürste auf das Sauerkraut legen, mit Zwiebel, Senf und Röstzwiebeln garnieren und mit etwas Biersud beträufelt servieren.

TIPP: Der Biersud schmeckt gut als Sauce zu vielen Fleischgerichten.

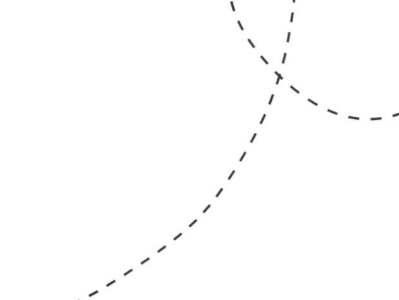

Die rheinische „Bratwoosch"
ist oft ungebrüht, also roh,
und fein gecuttert.

ARBEITSZEIT: 25 MIN.

GARZEIT: 30 MIN.

DORTMUNDER SALZKUCHEN

Nur noch wenige Dortmunder Bäcker und Gaststätten bieten den leckeren Teigkringel an, daher ist diese regionale Spezialität vom Aussterben bedroht. Ein Grund mehr für uns, das Rezept des Weizenbrötchens in Form eines Bagels ins Buch aufzunehmen.

FÜR 4 STÜCK

Für die Salzkuchen:
300 g Mehl • ½ EL Öl
½ TL Salz • 10 g frische Hefe
½ Prise Zucker
½ EL grobes Meersalz • 1 EL
ganzer Kümmel • 50 ml Milch

Für das Birnenkompott:
400 g reife Birnen
1 kleine Zwiebel
1 rote Chilischote • 2 EL Zucker
1 EL Senfkörner • 1 EL Rapsöl
70 ml trockener Weißwein
1 EL Zitronensaft • ½ TL abgeriebene Bio-Zitronenschale
Salz • Pfeffer aus der Mühle

Für den Belag:
1 kleine rote Zwiebel
1 Gewürzgurke • 150 g Mett
Salz • Pfeffer aus der Mühle
1 EL Butter
100 g Doppelrahm-Frischkäse
2 Salatblätter
4 Scheiben Grubentaler Käse

1. **Für die Salzkuchen** Mehl, Öl und Salz mischen. Hefe zerbröseln, mit Zucker in 150 ml lauwarmem Wasser auflösen. Hefemischung zur Mehlmischung geben, zu einem glatten Teig verkneten. Zugedeckt an einem warmen Ort 1 Stunde gehen lassen.

2. **Für das Birnenkompott** die Birnen waschen, entkernen und würfeln. Zwiebel schälen, Chili putzen, entkernen und waschen. Beides fein würfeln. Birnen, Zwiebel, Zucker, Senfkörner und Chili im Öl anbraten. Weißwein angießen und etwa 20 Minuten zugedeckt köcheln lassen. Zitronensaft und -schale hinzufügen. Kompott weitere 5 bis 7 Minuten offen köcheln lassen, salzen und pfeffern.

3. Den Hefeteig in 4 gleich große Stücke teilen, zu Kugeln formen. Teigkugeln flach drücken. In die Mitte ein Loch mit einem Durchmesser von etwa 3 cm stechen. Erneut 20 Minuten gehen lassen.

4. Den Backofen auf 200 °C vorheizen. Eine Auflaufform auf dem Boden des Backofens erhitzen. Ein Backblech mit Backpapier auslegen. Meersalz und Kümmel mischen. Teigkringel mit einer Seite zuerst in die Milch und dann in das Salzgemisch tauchen. Aufs Backblech legen. 1 Tasse Wasser in die Form gießen. Salzkuchen im Ofen etwa 20 Minuten backen.

5. **Für den Belag** die Zwiebel schälen und in Ringe schneiden. Gurke in Scheiben schneiden und mit der Zwiebel mischen. Mett kräftig mit Salz und Pfeffer würzen. 2 Salzkuchen aufschneiden und mit Butter bestreichen. Das Mett dick darauf verteilen, Zwiebel-Gurken-Mischung daraufschichten, Brotkringel zuklappen. Restliche Salzkuchen aufschneiden und mit Frischkäse bestreichen. Salatblätter, Käsescheiben und Birnenkompott darauflegen, Brotkringel zuklappen.

ARBEITSZEIT: 45 MIN.

GEHZEIT: 80 MIN.

BACKZEIT: 20 MIN.

WESTFÄLISCHE WURSTEBRÖTCHEN

DER PARTYRENNER – SO PRAKTISCH, SO GUT!

Bodenständig und ehrlich – die mit Hackfleisch gefüllten Blätterteigröllchen sind was Handfestes. Wer in Westfalen groß geworden ist, wird sich sicher an die Wurstebrötchen erinnern. Nicht zu verwechseln mit Wurstebrot, eine der endlosen Panhas-Variationen.

FÜR 6 STÜCK

Für den holländischen Blätterteig:
125 g Mehl
¼ TL Salz
140 g kalte Butter (in Würfeln)
80 ml eiskaltes Wasser
Mehl zum Ausrollen

Für die Hackfleischfüllung:
1 kleine Zwiebel
1 EL Öl
¼ Bund Petersilie
250 g Rinderhackfleisch
1 ½ EL Paniermehl
1 Ei
1 TL edelsüßes Paprikapulver
Salz • Pfeffer aus der Mühle

Zum Bestreichen:
1 Eigelb

1. **Für den holländischen Blätterteig** Mehl und Salz mischen. Die kalten Butterwürfel mit dem Teigschaber oder einem großen Messer in das Mehl hacken. In die Mehlmischung eine Mulde drücken und das Wasser hineingießen. Grob mit einer Gabel verrühren. Teig auf der bemehlten Arbeitsfläche zu einem Viereck formen. Der Teig ist in diesem Stadium noch nicht glatt und hält auch nicht zusammen. Mit dem gut bemehlten Nudelholz zu einem Rechteck von 25 cm Länge ausrollen. Das untere Drittel des Teiges knapp über die Mitte falten. Das obere Drittel darüberfalten. Den Teig 90° nach rechts drehen, sodass die obere Kante zur Seite zeigt. Erneut ausrollen und falten. Den Vorgang fünfmal wiederholen. Zügig arbeiten, damit der Teig nicht warm wird. Blätterteig in Frischhaltefolie wickeln und 1 Stunde kühl stellen.

2. **Für die Hackfleischfüllung** die Zwiebel schälen, würfeln und bei mittlerer Hitze im Öl anbraten.

Petersilie waschen, trocken schütteln und Blätter fein hacken. Hackfleisch, Zwiebelwürfel, Petersilie, Paniermehl und Ei in einer Schüssel verkneten. Mit Paprika, Salz und Pfeffer würzen.

3. Backofen auf 180°C vorheizen. Blätterteig auf der bemehlten Arbeitsfläche zu einem Rechteck von 30×40 cm Länge und 3 bis 4 mm Dicke ausrollen. In 6 Stücke schneiden.

4. Das Eigelb mit 1 EL Wasser verrühren und die Blätterteigstücke damit bestreichen. Jeweils ein Sechstel der Hackfleischmischung in einem dünnen Streifen längs in der Mitte der Teigstücke anrichten. Einen Rand darüberklappen und die Füllung einrollen. Die Enden zusammendrücken. Westfälische Wurstebrötchen auf einem mit Backpapier ausgelegten Blech verteilen, mit Eigelb-Wasser-Mix bestreichen und im Ofen 20 bis 25 Minuten backen. Dazu passt Salat.

Man kann fertigen Blätterteig kaufen, der sogenannte holländischen Blätterteig im Rezept ist aber eine unkomplizierte Variante zum Selbermachen.

ARBEITSZEIT: 40 MIN.

KÜHLZEIT: 1 STD.

BACKZEIT: 25 MIN.

POMMES MIT KRÄUTER-MAYO

Pommes „Schranke" oder rot-weiß kann man sicher zusammen mit der Currywurst als inoffizielles Nationalgericht des Ruhrpotts bezeichnen. Wie macht man leckere Pommes selbst? Wir verraten alle wichtigen Tricks.

FÜR 2 PERSONEN

Für die Mayonnaise:
1 zimmerwarmes Eigelb
2 EL Naturjoghurt
1 TL mittelscharfer Senf
80 ml kalt gepresstes Rapsöl
5 Halme Schnittlauch
2 Stiele Petersilie
1 EL Essig
Zucker
Salz • Pfeffer aus der Mühle

Für die Pommes:
250 g vorwiegend festkochende Kartoffeln
Salz
1½ l Raps- oder Erdnussöl
1 TL edelsüßes Paprikapulver

1. Für die Mayonnaise Eigelb, Joghurt und Senf mit dem Stabmixer in einem hohen Rührbecher aufschlagen. Öl nach und nach unter Rühren hinzufügen. Mixen, bis eine sämige Mayonnaise entstanden ist. Für eine festere Konsistenz etwas mehr Öl hinzufügen. Schnittlauch und Petersilie waschen, trocken schütteln, hacken und unterrühren. Mayo mit Essig, 1 Prise Zucker, Salz und Pfeffer würzen.

2. Für die Pommes die Kartoffeln schälen, waschen und in etwa 1 cm dicke Stifte schneiden. Zum Vorgaren Salzwasser in einem großen Topf aufkochen, die Kartoffelstäbchen einlegen und etwa 5 Minuten sprudelnd kochen lassen, dann abgießen und nebeneinander auf Küchenpapier abkühlen lassen.

3. Zum Frittieren das Öl auf 180 °C erhitzen. Die Kartoffeln maximal 8 Minuten frittieren, dann mit dem Schaumlöffel herausholen.

4. Die Pommes auf Küchenpapier entfetten und in eine Schüssel füllen. 2 TL Salz und das Paprikapulver mischen, die Pommes mit der Salzmischung würzen und kräftig schwenken. Die Pommes mit der Kräuter-Mayo anrichten und sofort servieren.

TIPP: Viele Pommesbuden, besonders in Belgien, schwören auf Rindertalg als Frittierfett. Die Pommes bekommen dadurch die perfekte Farbe, sind aber nicht mehr vegetarisch. Rindertalg ist beim Metzger erhältlich.

aus dem Ruhrgebiet

Das Ei für die Mayo muss ganz frisch sein. Bei uns ist sie durch die Kräuter grün gefärbt und etwas leichter als gewohnt - durch Zugabe von Joghurt

ARBEITSZEIT: 25 MIN.

GARZEIT: 15 MIN.

CURRYWURST MIT SELBST GEMACHTER SAUCE

Zwar soll die Currywurst in Berlin erfunden worden sein, sie ist aber untrennbar mit der Esskultur des Ruhrpotts verknüpft. Die Beste bzw. Kultigste soll es bei „Curry Heini" in Waltrop geben – hausgemacht seit über 50 Jahren.

FÜR 2 PERSONEN

Für die Currysauce:
150 g Erdbeeren
½ kleine Zwiebel
1 kleine Chilischote
10 g Ingwer
1 EL Öl
1 EL Tomatenmark
½ l Gemüsebrühe
200 ml passierte Tomaten
2 EL Zuckerrübensirup
½ TL Currypulver
gemahlener Kreuzkümmel
1 TL edelsüßes Paprikapulver
Saft und abgeriebene Schale
von ½ Bio-Zitrone
Salz • Pfeffer aus der Mühle

Außerdem:
2–4 gebrühte Bratwürste
(je nach Appetit)
Öl zum Braten
Currypulver zum Bestreuen

1. **Für die Currysauce** die Erdbeeren waschen, putzen und in grobe Würfel schneiden. Zwiebel schälen und in feine Würfel schneiden. Chilischote längs halbieren, entkernen, waschen und fein hacken. Ingwer schälen und ebenfalls fein hacken.

2. Das Öl in einem Topf erhitzen und die Zwiebel darin andünsten. Erdbeeren, Chili, Tomatenmark und Ingwer hinzufügen und kurz mitbraten, dann mit der Brühe aufgießen. Passierte Tomaten hinzufügen und die Sauce bei schwacher Hitze mindestens 30 Minuten köcheln lassen, dabei zwischendurch umrühren, damit die Sauce sich nicht am Topfboden anlegt. Bei Bedarf noch etwas Brühe oder Wasser hinzufügen. Sauce mit Zuckerrübensirup, Currypulver, 1 Prise Kreuzkümmel, Paprikapulver, Zitronensaft und -schale würzen.

3. Die Sauce mit dem Stabmixer fein pürieren und bei mittlerer Hitze erneut 5 Minuten köcheln lassen, bis die Sauce eine sämige Konsistenz hat. Mit Salz und Pfeffer abschmecken.

4. Würste mehrmals schräg einschneiden und im Öl in einer Pfanne rundum knusprig anbraten. Würste in Stücke schneiden, die Currysauce darübergießen und mit Currypulver bestreuen. Currywurst heiß servieren. Dazu schmecken frische Brötchen oder Pommes (siehe S. 56).

TIPP: Wenn Sauce übrig bleibt, kann man sie im Kühlschrank gut einige Tage aufbewahren.

aus dem Ruhrgebiet

DORTMUNDER ROSENKRANZ

BRAUCHT ETWAS ZEIT, ABER ES LOHNT SICH

Dieses Gericht gibt es in zweifacher Ausführung: Entweder richtet man die Würste ringförmig am Pfannenrand an und in der Mitte garen die Kartoffelscheiben. Oder man nimmt eine Bratwurstschnecke, die aussieht wie ein aufgerollter Rosenkranz.

FÜR 2 PERSONEN

Für die Kartoffelbrötchen:

1 mehligkochende Kartoffel
(etwa 100 g)
90 ml Buttermilch
30 g geschmolzene Butter
150 g Mehl
15 g Zucker
¾ TL Trockenhefe
Salz
frisch geriebene Muskatnuss
Mehl für die Arbeitsfläche
1 Eigelb

Für die Burger:

1 Tomate
2 Gewürzgurken
½ rote Zwiebel
4 EL Öl
2 Bratwurstschnecken
(à ca. 200 g)
2 EL grober Senf
2 EL feiner Senf
2 große Salatblätter (z.B. Lollo
bionda oder grüner Eichblatt)

1. **Für die Kartoffelbrötchen** die Kartoffel samt Schale weich garen, pellen und grob würfeln. Mit Buttermilch und Butter in einer Schüssel fein pürieren. Mehl, Zucker, Trockenhefe, ½ TL Salz und 1 Prise Muskatnuss hinzufügen und alles mit den Knethaken des Handrührgeräts 5 Minuten auf höchster Stufe kneten. Der Teig sollte nicht mehr an den Fingern kleben. Teig an einem warmen Ort etwa 1 Stunde gehen lassen.

2. Ein Backblech mit Backpapier auslegen. Teig auf der leicht bemehlten Arbeitsfläche nochmals von Hand durchkneten und zu 2 runden Brötchen formen. Auf das vorbereitete Blech legen und noch mal 15 Minuten gehen lassen. Inzwischen den Backofen auf 200 °C (Umluft) vorheizen. Das Eigelb mit 1 EL Wasser verrühren und die Brötchen damit bestreichen. Im Ofen auf der mittleren Schiene etwa 20 Minuten backen, bis die Brötchen goldbraun sind.

3. Währenddessen **für die Burger** die Tomate waschen und ebenso wie die Gewürzgurken in dünne Scheiben schneiden. Zwiebel schälen und in dünne Halbringe schneiden. Öl in einer Pfanne erhitzen und die Bratwurstschnecken darin braten, bis sie gar und auf jeder Seite knusprig braun sind. Aus der Pfanne nehmen, warm halten.

4. Kartoffelbrötchen halbieren. Brötchen auf der Schnittfläche kurz im Bratfett braten. Aus der Pfanne nehmen, die untere Hälfte mit grobem Senf und die obere Hälfte mit feinem Senf bestreichen. Unterseiten auf zwei Teller legen. Nacheinander gewaschenen, trocken getupften Salat, Tomate, rote Zwiebel und Essiggürkchen darauf verteilen. Mit den Bratwurstschnecken und den oberen Brötchenhälften belegen und sofort servieren.

Man kann für die Brötchen auch Kartoffeln vom Vortag verwenden.

ARBEITSZEIT: 25 MIN.

GEHZEIT: 75 MIN.

BACKZEIT: 20 MIN.

KREBELCHER MIT KRÄUTERDIP

Die Siegerländer nennen ihre leckeren, frittierten Quarkkrapfen „Krebelcher". Manch einer mischt Kartoffeln mit hinein und reicht sie zu Fleischgerichten. Wir hatten Lust auf eine mediterrane Variante und mixen Schafskäse, Tomaten und Oliven in den Teig.

FÜR 12–15 STÜCK

Für die Krebelcher:

100 g Feta (Schafskäse)
20 g Butter • 2 Eier • Salz
200 g Magerquark
½ TL abgeriebene Schale
von 1 Bio-Zitrone
200 g gekochte Kartoffeln
200 g Mehl • 1 EL Backpulver
10 getrocknete Tomaten (in Öl)
15 grüne Oliven (ohne Stein)

Für den Kräuterdip:

150 g griechischer Joghurt
1 TL Zuckerrübensirup
1 TL mittelscharfer Senf
2 EL gehackte gemischte Kräuter (z.B. Schnittlauch, Dill, Petersilie oder auch Wildkräuter nach Belieben)
Salz • Pfeffer aus der Mühle
½ TL Cayennepfeffer

Außerdem:

1 ½ l Frittieröl

1. Für die Krebelcher den Schafskäse zerkrümeln. Die Butter schmelzen. Eier mit ½ TL Salz schaumig schlagen. Quark, zerkrümelten Schafskäse, zerlassene Butter und abgeriebene Zitronenschale hinzufügen und glatt rühren. Kartoffeln pellen und fein zerdrücken. Mehl, zerdrückte Kartoffeln und Backpulver nach und nach hinzufügen und rühren, bis ein glatter Teig entsteht. Die getrockneten Tomaten und Oliven grob hacken und unter den Teig mischen. Teig etwa 30 Minuten abgedeckt ruhen lassen.

2. Für den Kräuterdip den Joghurt mit Rübensirup, Senf und Kräutern mischen. Mit Salz, Pfeffer und Cayennepfeffer würzen.

3. Frittieröl in der Fritteuse oder in einem Topf mit hohem Rand auf 160°C erhitzen. Wenn sich an einem hineingehaltenen Holzlöffelstiel Blasen bilden, ist es heiß genug. Mit einem Eiskugelportionierer oder zwei Esslöffeln die Quarkmasse vorsichtig in das Fett portionieren – die runden Krebelcher müssen schwimmen. Die Krebelcher mehrmals wenden. Sie sind fertig, wenn sie goldbraun sind. Die Quarkbällchen noch warm mit dem Dip servieren.

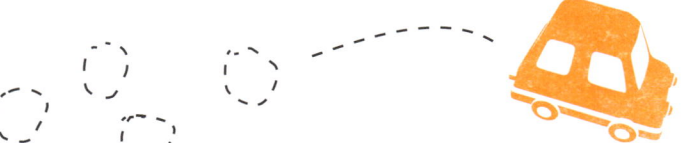

aus dem Siegerland

Der Gesundheit zuliebe die Krebelcher nicht dunkelbraun frittieren,
sie sollten eine schöne goldene
Farbe haben.

ARBEITSZEIT: 25 MIN.

RUHEZEIT: 30 MIN.

GARZEIT: 20 MIN.

QUERBEET GENIESSEN

* KARTOFFELN, GEMÜSE UND CO. *

RIEVEKLÖSSCHEN – SIEGERLÄNDER GNOCCHI

Ein typisches Armeleuteessen mit Resten aus der Küche zubereitet und natürlich durfte auch sie nicht fehlen: die Kartoffel! Die gab es damals reichlich im Siegerland. Den Spinat haben wir hinzugedichtet, der passt einfach bestens zu den Klößchen!

FÜR 2 PERSONEN

375 g gekochte Kartoffeln (mehligkochend)

375 g rohe Kartoffeln (mehligkochend)

1 Ei

1 EL Mehl + Mehl zum Bearbeiten

Salz

1 große Zwiebel

250 g Blattspinat

125 g magerer Schinkenspeck

2 EL Öl

Pfeffer aus der Mühle

50 g grob geriebener Hartkäse

1. Die gekochten Kartoffeln pellen und auf der Gemüsereibe fein reiben. Die rohen Kartoffeln schälen, waschen, ebenfalls fein reiben und in einem sauberen Küchentuch gründlich auspressen. Geriebene Kartoffeln mit Ei, Mehl und ¾ TL Salz zu einem glatten Teig verkneten.

2. Wasser in einem großen Topf aufkochen und kräftig salzen. Inzwischen mit bemehlten Händen aus je 1 TL Kartoffelteig kleine runde Klößchen formen. Die Klößchen vorsichtig mit dem Schaumlöffel ins kochende Salzwasser geben und einmal aufwallen lassen. Dann die Hitze reduzieren und die Klößchen knapp unter dem Siedepunkt etwa 20 Minuten gar ziehen lassen, bis sie an die Oberfläche steigen. Das Wasser darf nicht mehr kochen, sonst zerfallen sie!

3. Die Zwiebel schälen und fein würfeln. Den Spinat verlesen und waschen, grobe Stiele entfernen. Speck fein würfeln. In einer großen Pfanne das Öl erhitzen. Speck- und Zwiebelwürfel hinzufügen und bei mittlerer Hitze unter gelegentlichem Rühren braten, bis der Speck knusprig und die Zwiebel weich ist. Spinat dazugeben und zusammenfallen lassen. Mit Salz und Pfeffer würzen. Eine Kelle Klößchen-Kochwassers zur Spinatmischung geben.

4. Kartoffelklößchen mit dem Schaumlöffel aus dem Kochwasser heben und direkt in die Pfanne geben. Schwenken und nochmals abschmecken. Auf Teller verteilen und mit Käse bestreut servieren.

TIPP: Kartoffeln sind sehr unterschiedlich, daher sollte man ein Klößchen zur Probe zubereiten. Behält es die Form, ist der Teig gut. Zerfällt es, muss noch etwas Mehl untergeknetet werden.

Et cheed loss

Man kann auch tiefgekühlten Spinat verwenden.

ARBEITSZEIT: 30 MIN.

GARZEIT: 30 MIN.

NRW-GRAUPOTTO

SCHLOTZIGES RISOTTO, NUR EBEN AUS GRAUPEN

Die geschliffenen Gerstenkörner haben in Suppen und Getreidebrei Generationen von NRWlern satt gemacht. Dann kamen Reis und Pasta und schon war es vorbei für die „Jeärschte" in der Küche. Mit einem Hauch Italien holen wir die Graupen zurück!

FÜR 2 PERSONEN

Für das Pesto:

6 Stiele Basilikum
5 Stiele Minze
20 g Pinienkerne
5 EL Olivenöl
2 EL geriebener Parmesan
Salz • Pfeffer aus der Mühle

Für das Graupotto:

1 Zwiebel
2 Knoblauchzehen
2 EL Olivenöl
150 g Perlgraupen
100 ml Weißwein
600 ml Gemüsebrühe
½ TL gemahlene Kurkuma
100 g tiefgekühlte Erbsen
1 EL Butter
6 EL geriebener Parmesan
Salz • Pfeffer aus der Mühle

1. Für das Pesto Basilikum und Minze waschen und trocken schütteln. Blätter von den Stielen zupfen. Mit Pinienkernen und Öl in einen hohen Rührbecher füllen und mit dem Stabmixer pürieren. Den Parmesan unter die Kräutermasse mischen und das Pesto mit Salz und Pfeffer würzen.

2. Für das Graupotto Zwiebel und Knoblauch schälen und in feine Würfel schneiden. Das Olivenöl in einem mittelgroßen Topf erhitzen, Zwiebel und Knoblauch darin anbraten. Perlgraupen hinzufügen und unter Rühren kurz mit anbraten. Das Ganze mit Weißwein ablöschen und etwa 5 Minuten köcheln lassen.

3. Inzwischen die Brühe mit dem Kurkumapulver aufkochen und warm halten. Brühe nach und nach zu den Graupen geben und diese bei schwacher Hitze unter gelegentlichem Rühren etwa 25 Minuten garen. Immer wieder Brühe nachgießen, sobald die Graupen die Flüssigkeit aufge-

sogen haben. Nach etwa 20 Minuten Erbsen und Butter hinzugeben und alles weitere 5 Minuten köcheln lassen. 4 EL Parmesan unterziehen und mit Salz und Pfeffer würzen.

4. Das fertige Graupotto auf zwei Teller verteilen, etwas Pesto daraufgeben. Mit restlichem Parmesan bestreut servieren.

Das Pesto schmeckt auch köstlich zu Pasta oder Käse und hält sich mit Öl bedeckt wochenlang im Kühlschrank.

ARBEITSZEIT: 25 MIN.

GARZEIT: 35 MIN.

DEFTIGE POTTHUCKE

Hier hockt ein gehaltvolles Kartoffelgericht im Ofen, das wie ein Gratin in der Auflaufform gebacken wird. Das Traditionsgericht aus dem Sauerland wird normalerweise mit Speck, Mettwurst und Zwiebeln verfeinert. Wir meinen: Etwas Gemüse tut dem Gericht ganz gut.

FÜR 4 PERSONEN

¼ Stange Lauch
150 g Brokkoli
2 Zwiebeln
1 EL Butter
400 g gekochte Kartoffeln (mehligkochend)
800 g rohe Kartoffeln (mehligkochend)
4 Eier
150 g Sahne
150 ml Gemüsebrühe
1 EL gehackter Majoran
1 EL Schnittlauchröllchen
Salz • Pfeffer aus der Mühle
frisch geriebene Muskatnuss
Butter für die Form
Butterschmalz zum Braten

1. Lauch putzen, längs halbieren, waschen und in feine Halbringe schneiden. Brokkoli waschen und in feine Röschen teilen. Zwiebeln schälen, in feine Würfel schneiden und in der Butter andünsten. Aus der Pfanne nehmen und beiseitestellen.

2. Die gekochten Kartoffeln pellen und stampfen oder durch die Kartoffelpresse drücken. Die rohen Kartoffeln schälen, waschen, auf der Gemüsereibe fein reiben und gut auspressen. Beide Kartoffelsorten mit Zwiebeln, Eiern, Sahne, Brühe und Kräutern zu einem glatten Teig verrühren und mit Salz, Pfeffer und 1 Prise Muskatnuss würzen.

3. Den Backofen auf 200 °C vorheizen. Eine Kastenform mit 25 cm Länge mit etwas weicher Butter einfetten oder mit Backpapier auslegen und die Hälfte der Kartoffelmasse einfüllen. Lauch und Brokkoli gleichmäßig darauf verteilen und mit der restlichen Kartoffelmasse bedecken.

4. Potthucke im Ofen auf der mittleren Schiene etwa 1 Stunde backen. Bei Bedarf mit Backpapier abdecken. Potthucke aus dem Ofen nehmen, etwas abkühlen lassen, stürzen, vom Backpapier befreien und in fingerdicke Scheiben schneiden.

5. Die Potthuckescheiben im Butterschmalz auf beiden Seiten goldbraun braten und noch heiß servieren. Dazu schmeckt ein bunter Salat.

aus dem Sauerland

Man muss die Potthuckescheiben nicht zwingend anbraten - sie schmecken auch so herrlich.

ARBEITSZEIT: 40 MIN.

BACKZEIT: 1 STD.

GARZEIT: 10 MIN.

STEMMELKORT MIT BIRNENMUS

Als Klassiker tauchen die Möhrenpuffer in vielen alten Kochbüchern im Ruhrgebiet auf. Woher der Name genau stammt, konnten wir nicht nachvollziehen. Stemmelkort wird zum Kaffee gegessen, schmeckt aber auch abends mit herzhaften Speisen.

FÜR 2 PERSONEN

Für die Bratlinge:

2 festkochende Kartoffeln
2 Möhren • 1 Schalotte
2 EL Butter
1 kleines Stück Knollensellerie (geschält)
Salz • 3 EL Milch
Pfeffer aus der Mühle
frisch geriebene Muskatnuss
½ TL abgeriebene Bio-Zitronen-schale
1 EL gehackte Petersilie
2 Eier
2 EL Mehl • Öl zum Braten

Für das Mus:

2 Birnen
2 EL naturtrüber Apfelsaft
1 Gewürznelke
¼ TL Vanilleextrakt oder -mark
1 EL Limettensaft
1 TL Birnenkraut (alternativ Apfelkraut)

1. **Für die Bratlinge** die Kartoffeln und Möhren schälen und in grobe Stücke schneiden. Schalotte schälen, in feine Würfel schneiden und in einem Topf mit 1 EL Butter andünsten. Kartoffel- und Möhrenstücke hinzufügen und kurz mitbraten. Sellerie und etwas Salz dazugeben und mit so viel Wasser ablöschen, dass das Gemüse bedeckt ist. Gemüse umrühren, aufkochen und bei schräg aufgelegtem Deckel etwa 20 Minuten weich kochen. Kochwasser abgießen, den Sellerie entfernen.

2. Die Milch und die restliche Butter zur Kartoffelmischung hinzufügen und alles mit dem Kartoffelstampfer zu einem glatten Teig verarbeiten. Bei Bedarf noch etwas Milch hinzufügen. Mit Salz, Pfeffer, 1 Prise Muskat, abgeriebener Zitronenschale und Petersilie würzen. Den Kartoffelteig abkühlen lassen.

3. **Für das Mus** die Birnen vierteln, schälen, entkernen und in kleine Stücke schneiden. Apfelsaft in einem kleinen Topf erhitzen, Birnenstücke, Gewürznelke und Vanille hinzufügen. Die Birnen zugedeckt bei mittlerer Hitze zu einem Mus kochen, immer wieder umrühren. Limettensaft und Birnenkraut hinzufügen, Mus abkühlen lassen.

4. Eier und Mehl unter den Kartoffelteig mischen, noch mal mit Salz und Pfeffer abschmecken. Das Öl in einer Pfanne erhitzen. Mit einem Esslöffel kleine Mengen Teig in der Pfanne verteilen und platt drücken – es sollten etwa 8 kleine, dicke Puffer werden. Diese auf beiden Seiten goldbraun braten. Stemmelkort frisch aus der Pfanne mit dem Birnenmus anrichten und sofort servieren.

aus dem Ruhrgebiet

Es ist durchaus üblich, die Puffer mit einem Mix aus Möhren und Kartoffeln zuzubereiten.

ARBEITSZEIT: 35 MIN.

GARZEIT: 25 MIN.

BRATZEIT: 10 MIN.

FEINE TIPPÄRPEL-TERRINE

Als edle Terrine kam das einfache Gericht aus dem Bergischen Land früher nicht daher, wir mögen aber diese kleine, feine Spielerei. Tippärpel waren ein typisches Armeleute-essen: Kartoffeln, Buttermilch und Kräuter hatten selbst die ärmsten Bauern.

FÜR 2–4 PERSONEN

3 festkochende Kartoffeln
Salz
4 Blatt Gelatine
50 g Schnittlauch
330 ml Buttermilch
Pfeffer aus der Mühle
85 g Sahne
Öl zum Braten

1. Kartoffeln mit Schale waschen und in Salzwasser weich garen. Abgießen, abkühlen lassen, pellen und in kleine Würfel schneiden.

2. In einer kleinen Schüssel Gelatine in kaltem Wasser 10 Minuten einweichen. Schnittlauch waschen, trocken schütteln und in feine Röllchen schneiden.

3. Gelatine ausdrücken und mit 3 EL Buttermilch in einem kleinen Topf bei schwacher Hitze auflösen, dann die restliche Buttermilch einrühren. Kräftig mit Salz und Pfeffer würzen. Buttermilchmischung in den Kühlschrank stellen und in regelmäßigen Abständen durchrühren. Sobald die Masse anfängt zu gelieren, die Sahne steif schlagen und zusammen mit zwei Dritteln der Schnittlauchröllchen unterziehen. Restlichen Schnittlauch beiseitelegen.

4. Vier Puddingförmchen kalt ausspülen und mit je 1 gehäuften EL Kartoffelwürfeln füllen, 2 EL Kartoffelwürfel beiseitelegen. Die Buttermilchmischung auf die Förmchen verteilen und mindestens 4 Stunden im Kühlschrank erstarren lassen.

5. Kurz vor dem Servieren die restlichen Kartoffelwürfel in etwas Öl knusprig braun braten, auf Küchenpapier entfetten und mit Salz und Pfeffer würzen.

6. Puddingförmchen kurz in heißes Wasser tauchen und die Terrinen auf Teller stürzen. Mit den gebratenen Kartoffelstückchen dekorieren und mit dem restlichen Schnittlauch bestreut servieren. Dazu schmeckt Schwarzbrot mit Butter.

aus dem Bergischen Land

Ohne die Gelatine wird das Essen schnell zum Original - heiße Peller mit kalter Buttermilchcremesuppe.

ARBEITSZEIT: 25 MIN.

GARZEIT: 25 MIN.

KÜHLZEIT: 5 STD.

NIEDERRHEINISCHER SCHMANDKARTOFFELSALAT

Hier sind wir sehr mutig, denn traditionell werden die Schmandkartoffeln am Niederrhein heiß serviert. Dieser einfache Salat ist eine willkommene Abwechslung, er schmeckt auch an heißen Tagen. Wenn man Kartoffeln vom Vortag hat – umso besser.

FÜR 2 PERSONEN

400 g festkochende Kartoffeln
Salz
1 Stange Lauch
100 g durchwachsener Räucherspeck
3 Stiele Dill
100 g Gewürzgurken
200 g Schmand
1 EL Weißweinessig
Pfeffer aus der Mühle

1. Die Kartoffeln mit der Schale waschen und in Salzwasser weich garen. Abgießen, pellen und in grobe Stücke oder Scheiben schneiden.

2. Lauch längs putzen, halbieren, waschen und in feine Stücke schneiden. Speck fein würfeln, in einer Pfanne auslassen und kross anbraten. Speck herausnehmen und den Lauch im Speckfett andünsten. Mit etwas Wasser ablöschen und etwa 5 Minuten köcheln lassen.

3. Dill waschen und trocken schütteln, die Spitzen abzupfen und wie die Gewürzgurken fein hacken. Beides mit Schmand und Essig verrühren. Creme mit Salz und Pfeffer kräftig würzen.

4. Schmandcreme, Speck, Lauch und Kartoffeln in eine große Salatschüssel umfüllen und alle Zutaten vorsichtig vermengen. Kartoffelsalat entweder lauwarm servieren oder ein paar Stunden zugedeckt im Kühlschrank durchziehen lassen.

TIPP: Pellkartoffeln schneller schälen – so geht's: Die Schale der Kartoffeln vor dem Garen rundherum anritzen – dann löst sie sich nach dem Kochen wie von selbst.

vom Niederrhein

ARBEITSZEIT: 20 MIN.

GARZEIT: 35 MIN.

GEMÜSEPICKERT MIT KRÄUTERDIP

Ostwestfalen-Lippe ist die Hochburg dieses Hefefladens. Zum Pickert gibt's seit Urzeiten Rübenkraut oder Leberwurst. Wir mischen zur Abwechslung Gemüse unter und peppen das Ganze mit einem cremig-süßen Kräuterdip auf.

FÜR 2 PERSONEN

Für den Pickert:

20 g frische Hefe
Zucker
125 ml lauwarme Milch
250 g festkochende Kartoffeln
300 g Mehl
3 Eier
2 EL Rosinen
Salz
5 Radieschen
½ mittelgroße Kohlrabi
Öl zum Braten
Kresse zum Bestreuen

Für den Dip:

200 g Schmand
1 EL Kresse
1 EL Schnittlauchröllchen
1 TL Honig
Salz • Pfeffer aus der Mühle

1. Für den Pickert Hefe und 1 Prise Zucker in einem Schälchen mit lauwarmer Milch verrühren und beiseitestellen.

2. Kartoffeln schälen, waschen und auf der Küchenreibe fein raspeln. Raspel etwas ausdrücken. Mit Mehl, Eiern, Rosinen und 1 kräftigen Prise Salz in eine Schüssel füllen und mit den Quirlen des Handrührgeräts verrühren. Nach und nach die Hefemischung hinzufügen und so lange rühren, bis ein glatter, dickflüssiger Teig entsteht. Teig zugedeckt etwa 1 Stunde an einem warmen Ort gehen lassen.

3. Für den Dip den Schmand mit Kresse, Schnittlauch und Honig verrühren und mit Salz und Pfeffer würzen.

4. Radieschen putzen, waschen und in feine Streifen schneiden. Kohlrabi schälen und fein raspeln. Radieschen und Kohlrabi unter den aufgegangenen Teig mischen.

5. Das Öl in einer beschichteten Pfanne erhitzen und darin 6 kleine Pfannkuchen, die „Pickerts", auf beiden Seiten goldbraun ausbacken. Auf zwei Teller verteilen und mit Kresse bestreut sofort servieren. Den Dip dazu reichen.

aus Ostwestfalen-Lippe

Der Pickert schmeckt auch mit anderen Wurstsorten, Schinken oder Gemüse und sogar mit süßem Obstmus.

ARBEITSZEIT: 35 MIN.

GARZEIT: 10 MIN.

GEHZEIT: 1 STD.

BACKESGRUMBEERE MIT SALAT

Ein Backes ist ein gemeinschaftlich genutztes Backhaus, der Dorfbackofen sozusagen. Und Grumbeere nennt man in der Eifel die Kartoffel. Wer richtig kombiniert, merkt schnell: Das Gericht ist ein Kartoffelauflauf! Wie in der Eifel üblich mit reichlich Speck.

FÜR 2 PERSONEN

Für die Backesgrumbeere:

Butter für die Form
600 g festkochende Kartoffeln
250 g Kassler
150 g durchwachsener Räucherspeck
1 große Zwiebel
Salz • Pfeffer aus der Mühle
getrockneter Majoran
200 g Schmand
¼ l trockener Weißwein
150 ml Gemüsebrühe
frisch geriebene Muskatnuss
150 g geriebener Käse
(z.B. Emmentaler oder Gouda)

Für den Salat:

1 kleine Schalotte
1 TL Senf • 2 TL Weißwein
2 TL Weißweinessig
Salz • Pfeffer aus der Mühle
Zucker • 3 EL Öl
200 g Blattsalat • 1 Rote Bete
(vorgegart und vakuumiert)

1. Für die Backesgrumbeere den Backofen auf 175 °C vorheizen. Eine Auflaufform mit Deckel mit Butter ausfetten. Kartoffeln schälen, waschen und in feine Scheibchen hobeln. Kassler und Speck in feine Würfel schneiden. Zwiebel schälen, halbieren und in feine Halbringe schneiden. Die Hälfte der Kartoffelscheiben in die Form schichten, mit Salz, Pfeffer und Majoran würzen. Kassler, Speck, Zwiebelringe und abschließend die restlichen Kartoffelscheiben darauf verteilen.

2. Schmand, Wein und Brühe verrühren und mit Salz, Pfeffer und 1 Prise Muskatnuss würzen. Über den Kartoffelauflauf gießen – die Kartoffeln sollen knapp mit Flüssigkeit bedeckt sein. Deckel auflegen und den Auflauf im Ofen auf der mittleren Schiene 1 Stunde backen.

3. Deckel abnehmen, geriebenen Käse auf dem Auflauf verteilen und weitere 30 Minuten backen, bis die Oberfläche appetitlich gebräunt ist. Bei Bedarf in den letzten Minuten den Backofengrill dazuschalten. Wenn der Auflauf trocken wirkt, noch etwas Wein und Brühe angießen.

4. Für den Salat die Schalotte schälen, in feine Würfel schneiden und in einer Schüssel mit Senf, Wein und Essig, 1 kräftigen Prise Salz und Pfeffer sowie 1 Prise Zucker verrühren. Das Öl unterschlagen, bis die Sauce emulgiert. Dressing nochmals mit Salz, Pfeffer und Zucker abschmecken.

5. Den Salat putzen, waschen, trocken schleudern und in mundgerechte Stücke zupfen. Rote Bete in feine Scheiben hobeln, dabei am besten Einweghandschuhe tragen, da die Knolle stark abfärbt. Salat und Rote Bete zum Dressing hinzufügen und vorsichtig vermischen. Backesgrumbeere mit dem Salat servieren.

Da jö!

Wenn Kinder mitessen, den Wein durch Brühe ersetzen. Es ist nicht garantiert, dass der gesamte Alkohol beim Backen verdunstet

ARBEITSZEIT: 30 MIN.

BACKZEIT: 1 ½ STD.

LEINEWEBER MIT GRÜNEM SALAT

Pfannkuchen mit Bratkartoffeln – eine tolle Kombination aus Ostwestfalen-Lippe. Einst war die Region eine Hochburg des Flachsanbaus und der Leinenweberei. Die Industrialisierung war der Untergang für dieses Handwerk, das Gericht Leineweber blieb.

FÜR 2 PERSONEN

Für die Leineweber:
500 g gekochte Kartoffeln (vom Vortag; alternativ 500 g Kartoffeln in der Schale garen und abkühlen lassen)
150 g durchwachsener Räucherspeck (oder Mettwurst)
1 Zwiebel
4 Eier
100 g Mehl
200 ml Milch
Salz • Pfeffer aus der Mühle
Sonnenblumenöl zum Braten

Für den Salat:
1 kleine Zwiebel
1 EL Weißweinessig
1 EL Sonnenblumenöl
75 g saure Sahne
Salz • Pfeffer aus der Mühle
Zucker
½ Bund Schnittlauch
1 Kopfsalatherz

1. Für die Leineweber Kartoffeln pellen und in Scheiben schneiden. Räucherspeck fein würfeln. Zwiebel schälen und fein würfeln. Eier und Mehl gut mit einem Schneebesen verrühren. Milch gründlich mit dem Schneebesen unterrühren, damit keine Klümpchen entstehen. Mit Salz und Pfeffer würzen.

2. Backofen auf 150°C vorheizen. In einer beschichteten Pfanne mit 20 cm Durchmesser 1 EL Öl erhitzen und jeweils die Hälfte der Kartoffelscheiben und der Speck- und Zwiebelwürfel darin unter Rühren anbraten. Mischung etwas glatt streichen und die Hälfte des Pfannkuchenteigs darübergießen. Bei <u>mittlerer</u> Hitze braten, bis der Teig oben nur noch leicht feucht ist. Wenden und 1 Minute weiterbraten. Im Backofen warm halten und den zweiten Leineweber ebenso zubereiten.

← etwas weniger und nicht zu lange

3. Für den Salat die Zwiebel schälen, in feine Würfel schneiden und in eine Schüssel geben. Essig, Sonnenblumenöl und saure Sahne hinzufügen und glatt rühren. Mit Salz, Pfeffer und 1 kräftigen Prise Zucker abschmecken. Schnittlauch waschen, trocken schütteln und in Röllchen schneiden. Unter das Dressing rühren.

4. Kopfsalatherz waschen, trocken schleudern, in mundgerechte Stücke zupfen und mischen. Leineweber auf Tellern anrichten und mit dem grünen Salat servieren.

aus Ostwestfalen-Lippe

SCHROTTELN AL FORNO

GENIALER AUFLAUF

Kartoffeln gab es im Rheinland ohne Ende, viele weniger gut situierte Menschen aßen die lagerfähige Knolle tagein, tagaus. Für Schrotteln wurden sie gekocht und in Scheiben geschnitten in Mehltunke gegessen. Bei uns wird's ein etwas bunterer Kartoffelauflauf.

FÜR 2 PERSONEN

500 g festkochende Kartoffeln
Salz
Butter für die Form
3 bunte Möhren
1 Stange Lauch
1 Zwiebel
50 g durchwachsener Räucherspeck
3 Zweige Thymian
2 EL Butter
20 g Mehl
400 ml Gemüsebrühe
200 ml Milch
Pfeffer aus der Mühle
200 g Gouda

1. Kartoffeln mit der Schale waschen und in Salzwasser etwa 10 Minuten sehr bissfest garen.

2. Eine kleine Auflaufform mit etwas Butter einfetten. Möhren und Lauch putzen, schälen bzw. waschen und in feine Scheiben schneiden. Kartoffeln pellen, ebenfalls in Scheiben schneiden und in die Auflaufform schichten. Möhren und Lauch über den Kartoffeln verteilen. Backofen auf 180°C vorheizen.

3. Die Zwiebel schälen und mit dem Speck in feine Würfel schneiden. Thymian waschen, trocken schütteln und die Blättchen abstreifen. Die Butter in einem Topf erhitzen, Zwiebelwürfel und Speckwürfel darin glasig dünsten. Mehl darüberstäuben und unter Rühren anrösten. Unter Rühren mit Brühe und Milch ablöschen und die Béchamelsauce kurz aufkochen lassen. Mit Salz und Pfeffer würzen. Die Thymianblättchen unterrühren.

4. Die Sauce über das Gemüse gießen, bis es komplett bedeckt ist. Gouda grob reiben und auf den Auflauf streuen. Schrotteln im Ofen auf der mittleren Schiene etwa 30 Minuten backen, dabei die letzten Minuten unter dem Backofengrill gratinieren. Dazu schmeckt ein grüner Salat (siehe z.B. S. 82).

Den Speck kann man weg-
lassen, dann wird das Gericht
ganz schnell veggie!

ARBEITSZEIT: 25 MIN.

GARZEIT: 10 MIN.

BACKZEIT: 30 MIN.

KUSCHELEMUSCH MIT KABELJAU

Fisch und Kartoffeln sind ein Muss bei diesem Durcheinander. Dazu kommt, was der Kühlschrank hergibt. Für das Kuschelemusch wurden im Ruhrgebiet schon immer Reste verwertet. Haltbarer Stockfisch kam früher hinein, heute ist es frischer Fisch.

FÜR 2 PERSONEN

100 g Butter
¼ l Weißwein
Saft von ½ Zitrone
Salz
½ TL Zucker
1 getr. Lorbeerblatt
300 g Kabeljaufilet
(küchenfertig)
300 g gekochte Kartoffeln
(vom Vortag)
1 Zwiebel
200 g Sahne
1 Ei
Pfeffer aus der Mühle

1. Backofen auf 180 °C vorheizen. Eine Auflaufform mit 30 g Butter ausfetten. In einem Topf ¾ l Wasser, Wein, Zitronensaft, 1 TL Salz, Zucker und Lorbeerblatt aufkochen und 10 Minuten sprudelnd kochen lassen.

2. Das Fischfilet waschen und trocken tupfen. Hitze reduzieren und Fischfilet in den nicht mehr kochenden Sud legen. Zugedeckt etwa 10 Minuten gar ziehen lassen.

3. Kartoffeln pellen, grob zerdrücken und in eine Rührschüssel geben. Zwiebel schälen und in feine Würfel schneiden. 1 EL Butter in einer Pfanne erhitzen und die Zwiebel darin andünsten. Dann zu den Kartoffeln hinzufügen.

4. Die Fischfilets aus dem Sud nehmen, den Sud beiseitestellen. Fisch in mundgerechte Stücke zerzupfen und zu den Kartoffeln in die Schüssel geben.

5. Sahne und Ei verquirlen und kräftig mit Salz und Pfeffer abschmecken. 2 EL Fischsud unterrühren und die Sahnemischung unter die Kartoffeln rühren. Falls die Masse zu trocken wirkt, noch etwas Fischsud hinzufügen.

6. Kuschelemusch in die Auflaufform füllen, glatt streichen und die restliche Butter in Flöckchen auf der Oberfläche verteilen. Im Ofen auf der mittleren Schiene etwa 30 Minuten überbacken, bis die Oberfläche appetitlich gebräunt ist. Dazu schmeckt ein grüner Salat.

aus dem Ruhrgebiet

Statt Kabeljau kann man auch jeden anderen Süß- oder Salzwasserfisch verwenden.

ARBEITSZEIT: 20 MIN.

GARZEIT: 20 MIN.

BACKZEIT: 30 MIN.

EIFELER KNUDELN MIT TOMATEN-CHUTNEY

Pasta gab es früher nur in Italien? Von wegen! Auch in der Eifel sind schlaue Köche schon vor langer Zeit auf die Idee gekommen, Mehl und Grieß mit Eiern zu verkneten, zu kleinen Kugeln zu formen und dann zu kochen.

FÜR 2 PERSONEN

Für die Knudeln:

150 g Mehl
150 g Hartweizengrieß
Salz
2 Eier
60 ml Milch

Für das Chutney:

3 Tomaten
3 Erdbeeren
1 Schalotte
1 EL Olivenöl
1 EL Aceto balsamico
1 TL Honig
1 EL Limettensaft
Salz • Pfeffer aus der Mühle

Außerdem:

8 Basilikumblätter

1. Für die Knudeln Mehl, Grieß und ½ TL Salz in einer Schüssel vermischen. Eier hinzufügen. Mit den Knethaken des Handrührgeräts zu einem Teig verkneten, dabei nach und nach die Milch und ggf. etwas lauwarmes Wasser hinzufügen. Der Teig sollte nicht zu flüssig, aber auch nicht bröckelig sein. Teig mindestens 30 Minuten in den Kühlschrank stellen.

2. Für das Chutney die Tomaten kreuzweise einritzen, überbrühen, häuten, vierteln und klein schneiden. Erdbeeren waschen, putzen und klein schneiden. Schalotte schälen und in feine Würfel schneiden. Olivenöl in einer Pfanne erhitzen, Schalotte kurz anschwitzen und mit dem Essig ablöschen. Tomaten und Erdbeeren hinzufügen und unter Rühren bei mittlerer Hitze weich garen, bei Bedarf etwas Wasser hinzufügen. Mit Honig, Limettensaft, Salz und Pfeffer würzen.

3. Knudelteig nochmals mit den Händen durchkneten. Wasser in einem großen Topf aufkochen und salzen. Mit einem Löffel kleine Stücke vom Teig abstechen. Knudeln mit dem Schaumlöffel ins siedende Wasser geben, gar ziehen lassen. Die Klößchen sind fertig, wenn sie an der Wasseroberfläche schwimmen. Knudeln mit dem Schaumlöffel aus dem Wasser nehmen und abtropfen lassen.

4. Knudeln mit dem Chutney mischen und mit zerzupftem Basilikum bestreut servieren.

aus der Eifel

Zu den Knudeln schmecken
Nudelsaucen aller Art.

ARBEITSZEIT: 25 MIN.

RUHEZEIT: 30 MIN.

GARZEIT: 25 MIN.

REIBEWAFFELN MIT LACHS UND DIP

Dieses Rezept kombiniert zwei bergische „Urgesteine": Waffeln und Reibekuchen. Könnte von uns sein die Idee, aber nein – schon in einem alten bergischen Kochbuch wurde sie erwähnt. Auch Lachs bekommt man lokal, zum Beispiel bei einer Räucherei in Wuppertal.

FÜR 2 PERSONEN

Für den Dip:
1 gehäufter EL Kapern
1 kleine rote Zwiebel
150 g saure Sahne
1 TL Rotweinessig
1 TL Sonnenblumenöl
Salz · Pfeffer aus der Mühle

Für die Reibewaffeln:
375 g festkochende Kartoffeln
2 Eier
50 g Mehl
25 g Speisestärke
75 g saure Sahne
3 EL gehackte Petersilie
Salz · Pfeffer aus der Mühle
frisch geriebene Muskatnuss

Außerdem:
Öl oder Speckschwarte zum
Einfetten des Waffeleisens
150 g Räucherlachs

1. Für den Dip Kapern fein hacken. Die Zwiebel schälen und in feine Würfel schneiden. Saure Sahne mit Essig und Öl glatt rühren, Kapern und Zwiebelwürfel unterrühren und mit Salz und Pfeffer würzen. Bis zum Servieren kühl stellen.

2. Für die Reibewaffeln den Backofen auf 150°C vorheizen. Kartoffeln schälen, waschen, fein reiben und gut ausdrücken. Eier, Mehl, Speisestärke, saure Sahne und Petersilie unter die Kartoffeln rühren und mit Salz, Pfeffer und 1 Prise Muskat würzen.

3. Waffeleisen vorheizen und mit etwas Öl oder der Speckschwarte einfetten.

4. Den Kartoffelteig portionsweise in die Mitte des Waffeleisens setzen und zu knusprigen Waffeln ausbacken. Auf dem Ofengitter im Ofen warm halten, während die restlichen Waffeln gebacken werden.

5. Die fertigen Reibewaffeln auf Tellern anrichten und einen dicken Dip-Klecks in die Mitte löffeln. Jede Waffel mit 2 Scheiben Räucherlachs und nach Belieben mit Schnittlauch und Kapern garnieren. Waffeln heiß servieren.

aus dem Bergischen Land

ARBEITSZEIT: 50 MIN.

GRÜNKOHL MIT METTWURST

Von September bis in den Winter werden in Ostwestfalen-Lippe die unteren Blätter des Grünkohls als Tierfutter genutzt, wodurch die Pflanze aussieht wie eine Palme. Bis heute sprechen die Einheimischen daher auch von der „Lippischen Palme".

FÜR 4 PERSONEN

1 Zwiebel
100 g durchwachsener Räucherspeck
2 EL Öl
1 kg Grünkohl (küchenfertig)
2 geräucherte Mettwürste (à 150 g; Wurstliebhaber verdoppeln die Menge)
½ l Gemüsebrühe
600 g festkochende Kartoffeln
frisch geriebene Muskatnuss
Salz • Pfeffer aus der Mühle

1. Die Zwiebel schälen. Zwiebel und Speck in feine Würfel schneiden. In einem ausreichend großen Topf das Öl erhitzen. Speck und Zwiebel darin anbraten. Grünkohl hinzufügen und umrühren. Mettwürste auf den Kohl legen, Brühe angießen und zum Kochen bringen. Zugedeckt bei schwacher Hitze 30 Minuten köcheln lassen.

2. Die Kartoffeln schälen, waschen und in nicht zu feine Würfel schneiden. Unter den Grünkohl rühren. Mettwürste mit einer Gabel anstechen. Zugedeckt weitere 30 Minuten köcheln lassen, bis die Kartoffeln gar sind.

3. Mettwürste herausnehmen und in Scheiben schneiden. Kartoffeln nach Belieben mit dem Kartoffelstampfer grob zerstoßen, alles nochmals aufkochen – das macht den Grünkohl sämiger. Mit 1 Prise Muskatnuss, Salz und Pfeffer würzen. Aber Achtung: Es kann sein, dass das Essen durch Brühe und Mettwürste schon salzig genug ist.

4. Grünkohl in tiefen Tellern anrichten, Wurstscheiben obenauf verteilen. Die Reste (falls es welche geben sollte) schmecken aufgewärmt ausgezeichnet!

aus Ostwestfalen-Lippe

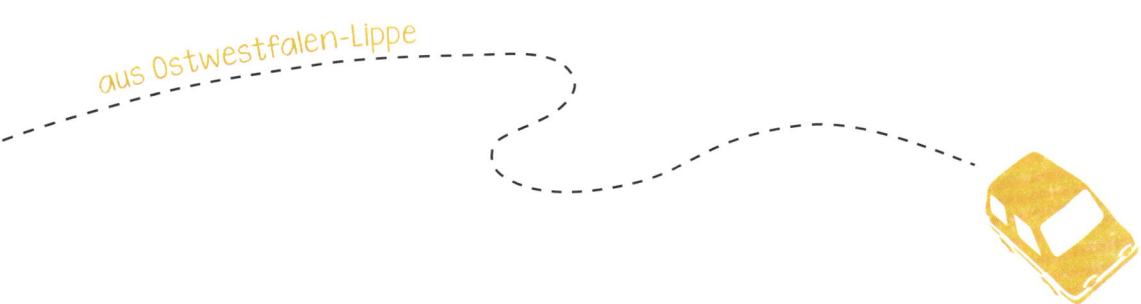

ARBEITSZEIT: 30 MIN.

GARZEIT: 1 STD.

... wigger jeht's ...

GENUSS HOCH ZWEI

FISCH UND FLEISCH

ROTER HERINGSSALAT MIT RINDFLEISCH

LECKERE FISCH-FLEISCH-KOMBI

Ein deftiges Gericht für Fischfans, das als Häppchen schmeckt, aber auch das Zeug zum Hauptgang hat. Dieses Rezept hat besonders im Rheinland Tradition, zum Hering gehören hier Rote Bete und Rindfleisch einfach dazu.

FÜR 2 PERSONEN

Für die Sauce:
1 sehr frisches Eigelb
½ TL mittelscharfer Senf
4 EL Sonnenblumenöl
50 g saure Sahne
50 ml Rinderbrühe
1 EL Weißweinessig
1 TL Zucker
Salz • Pfeffer aus der Mühle

Für den Heringssalat:
6 Matjesfilets (küchenfertig)
4 nicht zu dünn geschnittene
Scheiben Roastbeef
1 Rote Bete (vorgegart und
vakuumiert) • 1 Zwiebel
1 Gewürzgurke • 1 Apfel
2 hart gekochte Eier
25 g Walnusskerne

Für die Bratkartoffeln:
400 g festkochende Kartoffeln
4 EL Sonnenblumenöl
50 g Räucherspeck

1. **Für die Sauce** Eigelb und Senf in einem hohen Rührbecher mit den Quirlen des Handrührgeräts verrühren. Öl hinzufügen und so lange mixen, bis eine feste Mayonnaise entsteht. Saure Sahne und Brühe unterrühren und alles mit Essig, Zucker, Salz und Pfeffer abschmecken.

2. **Für den Heringssalat** die Matjesfilets und das Roastbeef in mundgerechte Happen schneiden. Rote Bete in kleine Würfel schneiden, dabei am besten Einweghandschuhe tragen, da die Knollen stark abfärben. Zwiebel schälen und mit der Gewürzgurke und dem entkernten Apfel in kleine Stücke schneiden. Eier pellen und grob hacken. Walnusskerne ebenfalls grob hacken. Alle Zutaten in einer Salatschüssel mit dem Dressing mischen, mit Salz und Pfeffer würzen und ein paar Stunden im Kühlschrank durchziehen lassen.

3. **Für die Bratkartoffeln** die Kartoffeln schälen, waschen und in dünne Scheibchen schneiden. Öl in einer Pfanne erhitzen und die Kartoffeln darin bei mittlerer Hitze mindestens 5 Minuten ohne Wenden anbraten, bis sie von einer Seite goldgelb gebraten sind. Vorsichtig wenden und von der anderen Seite anbraten. Speck in feine Würfel schneiden. Sind die Bratkartoffeln fast gar, den Speck hinzufügen, alles gut vermischen und bei starker Hitze noch einmal unter Rühren anrösten. Mit Salz und Pfeffer würzen.

4. Heringssalat vor dem Servieren noch mal umrühren und erneut mit Essig, Salz und Pfeffer abschmecken. Mit den Bratkartoffeln servieren.

aus dem Rheinland

Traditionell werden feine Würfel von gekochtem Rindfleisch untergemischt, nicht Roastbeef.

ARBEITSZEIT: 30 MIN.

KÜHLZEIT: 2 ½ STD.

GARZEIT: 15 MIN.

BRATHERING GANZ KLASSISCH

Der Hering ist besonders im Ruhrgebiet Kulturgut: Seit 1995 zelebriert man im Juni in der Duisburger Innenstadt sogar das mehrtägige Matjesfest. Brathering ist ein klassisches Armeleuteessen aus den Arbeitersiedlungen des Potts, das heute als Delikatesse gilt.

FÜR 2 PERSONEN

Für die Marinade:
1 ½ TL schwarze Pfefferkörner
¼ l Weißweinessig
1 ½ TL Zucker
Salz
2 getr. Lorbeerblätter
1 EL Senfkörner
3 Pimentkörner

Für die Heringe:
4 grüne Heringe (küchenfertig)
Salz • Pfeffer aus der Mühle
2 gehäufte EL Mehl
Öl zum Braten
2 Zwiebeln

1. **Für die Marinade** die Pfefferkörner zerdrücken und in einen kleinen Topf geben. Weißweinessig, ¼ l Wasser, Zucker, ½ TL Salz, Lorbeerblätter, Senf- und Pimentkörner hinzufügen und alles aufkochen, dann bei schwacher Hitze 15 Minuten ziehen lassen.

2. **Für die Heringe** die grünen Heringe von beiden Seiten mit Salz und Pfeffer würzen. In Mehl wenden und das überschüssige Mehl abklopfen. Reichlich Öl in einer Pfanne erhitzen und die Heringe darin bei mittlerer Hitze auf jeder Seite knusprig braun braten. Auf Küchenpapier entfetten.

3. Die Zwiebeln schälen, längs halbieren und in feine Halbringe schneiden. Die Heringe mit den Zwiebelringen in eine flache, nicht zu große Schale legen. Den heißen Sud über die Heringe gießen und abkühlen lassen.

4. Nach dem Abkühlen die Form zudecken und die Brateringe im Kühlschrank 2 Tage durchziehen lassen. Dazu passen Pellkartoffeln mit Butter und Gurkensalat.

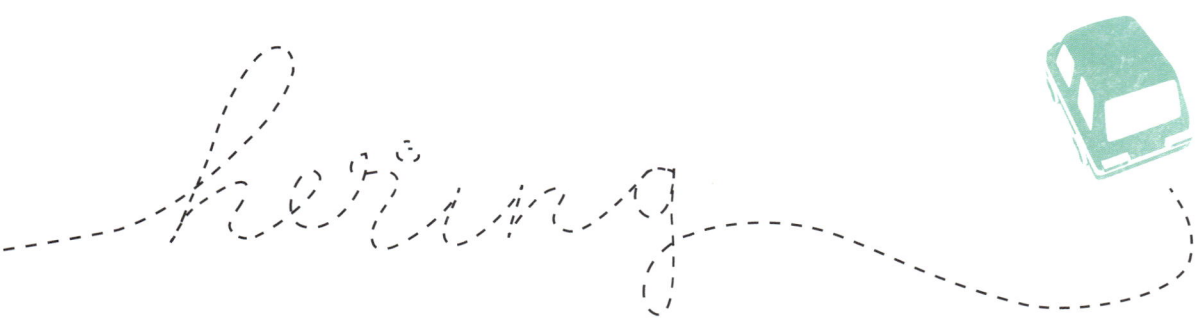

Brathering hält sich in der Marinade im Kühlschrank rund 2 Wochen.

ARBEITSZEIT: 25 MIN.

GARZEIT: 25 MIN.

ZIEHZEIT: 2 TAGE

MOSCHELE OP RHEINISCH

In Köln gibt es kaum eine Traditionsgaststätte, die keine Muscheln auf der Karte hat. Früher – ohne Kühlketten – war es wichtig, dass die empfindlichen Schalentiere nur in der kühlen Jahreszeit gegessen wurden. Traditionsbewusst hält man sich auch heute noch daran.

FÜR 2 PERSONEN

Für die Muscheln:

2 kg frische Miesmuscheln
1 mittelgroße Zwiebel
1 kleines Stück Knollensellerie
2 Möhren
grüner Teil von 1 Stange Lauch
50 g Butter
2 Stiele Petersilie
1 getr. Lorbeerblatt
2 Pimentkörner
½ TL Pfeffer aus der Mühle
½ TL Salz
150 ml trockener Weißwein
½ l Gemüsebrühe

Zum Servieren:

2–4 Scheiben Schwarzbrot
Butter (nach Belieben)

1. **Für die Muscheln** die Miesmuscheln sortieren – nur unbeschädigte Muscheln werden zum Waschen in ein kaltes Wasserbad gelegt. Muscheln gründlich abbürsten. Die Muscheln sollten sich schließen, wenn sie gewaschen werden. Geöffnete Muscheln aussortieren. Das Gleiche gilt für Muscheln, die sich beim Kochen nicht öffnen.

2. Zwiebel schälen und in Scheiben schneiden. Sellerie und Möhren putzen, schälen und in kleine Stücke schneiden. Lauch gründlich waschen und in feine Ringe schneiden. Gemüse mit der Hälfte der Butter in einem großen Topf andünsten. Petersilie, Lorbeerblatt, Piment und Pfeffer sowie Salz hinzufügen. Mit Weißwein ablöschen und den Sud etwa 10 Minuten köcheln lassen.

3. Die gewaschenen Muscheln in den Topf füllen und die Brühe angießen. Nochmals aufkochen lassen, Hitze reduzieren und die Muscheln rund 5 Minuten im geschlossenen Topf ziehen lassen, dabei mehrmals umrühren. Die Muscheln sind gar, wenn sich die Schalen geöffnet haben. Muscheln dampfend heiß mit gebuttertem Schwarzbrot servieren.

TIPP: Es ist durchaus üblich, die Muscheln direkt im Topf auf den Tisch zu stellen. Man kann sie aber auch in eine große Schale umfüllen. Die Muschelschalen dienen als „Besteck" – mit ihnen kann man auch den leckeren Sud aus dem Topf schöpfen.

PLAATEN IN DE PANN

ONE-POT-GERICHT

Bratwurst und Kartoffeln sind normalerweise die alleinigen Hauptdarsteller bei diesem Traditionsgericht aus dem Münsterland beziehungsweise ganz Westfalen. Wir lieben Kohlrabi und finden, dass das knackige Gemüse super dazu schmeckt.

FÜR 2 PERSONEN

1 große rohe Bratwurstschnecke (ca. 300 g; alternativ 2 kleine Bratwurstschnecken oder Bratwürste)
2 EL Mehl
1 EL Butterschmalz
1 Kohlrabi
1 Zwiebel
4 festkochende Kartoffeln (ca. 250 g)
Salz • Pfeffer aus der Mühle
200 ml Gemüsefond
100 g Sahne
1 EL Majoranblättchen
2 EL gehackte Petersilie

1. Backofen auf 180 °C (Umluft) vorheizen. Die Bratwurstschnecke in Mehl wenden. Das Butterschmalz in einer ofenfesten Pfanne erhitzen und die Bratwurst darin auf beiden Seiten kurz sehr scharf anbraten. Die Pfanne vom Herd nehmen und vorsichtig 3 EL Wasser angießen – Achtung, Spritzgefahr! Die Bratwurst in der Pfanne abkühlen lassen.

2. Den Kohlrabi putzen, schälen, halbieren und in Scheiben schneiden. Die Zwiebel schälen und in grobe Würfel schneiden. Die Kartoffeln schälen, waschen und in feine Scheiben schneiden. Kohlrabi, Zwiebel und Kartoffeln in der Pfanne verteilen, sodass die Wurst komplett bedeckt ist. Mit Salz und Pfeffer würzen.

3. Gemüsefond mit Sahne und Kräutern mischen und in die Pfanne gießen.

4. Plaaten in de Pann bei geschlossenem Deckel im Ofen auf der mittleren Schiene etwa 40 Minuten schmoren, bis die Kartoffeln gar sind. In der Pfanne servieren.

aus dem Münsterland

„Plaaten in de Pann" bedeutet in westfälischer Mundart übrigens „Scheiben in der Pfanne".

ARBEITSZEIT: 20 MIN.

BACKZEIT: 40 MIN.

GREVENBROICHER HÜGEL

Eine sanfte Hügellandschaft aus Hackbällchen und Rosenkohl, eingebettet in einer cremigen Sauce – wie lecker kann ein Essen eigentlich sein? Das Gericht haben wir in einem älteren Kochbuch entdeckt.

FÜR 2–4 PERSONEN

Für die Sauce:
60 g Butter • 2 EL Mehl
350 ml Milch
frisch geriebene Muskatnuss
1 TL abgeriebene Bio-Zitronen-schale • 250 g Speisequark
2 Eigelb
Salz • Pfeffer aus der Mühle

Für die Hackbällchen:
1 trockenes Laugenbrötchen
1 Zwiebel • 1 EL Öl
400 g gemischtes Hackfleisch
1 Ei • 2 EL mittelscharfer Senf
2 EL gehackte Petersilie
1 TL gehackter Dill
1 TL getrockneter Majoran
Salz • Pfeffer aus der Mühle

Für den Rosenkohl:
400 g Rosenkohl • Salz
2 Zwiebeln • ½ TL ganzer
Kümmel • 2 EL Öl • Pfeffer aus
der Mühle • 200 g alter Gouda

1. **Für die Sauce** Butter in einem Topf zerlassen, das Mehl darin unter Rühren anschwitzen. Milch, 1 Prise Muskatnuss und Zitronenschale hinzufügen, gründlich verrühren und aufkochen. Bei schwacher Hitze unter regelmäßigem Rühren etwa 10 Minuten köcheln lassen. Sauce vom Herd nehmen, etwas abkühlen lassen, dann Quark und Eigelbe unterrühren und die Sauce mit Salz und Pfeffer würzen.

2. **Für die Hackbällchen** das Brötchen in einer Schüssel in lauwarmem Wasser einweichen. Backofen auf 180 °C vorheizen. Zwiebel schälen, fein würfeln, in einer Pfanne im Öl andünsten und abkühlen lassen. Hackfleisch mit dem gut ausgedrückten Brötchen, Zwiebel, Ei, Senf, Kräutern, Salz und Pfeffer vermischen. Hackfleisch mit angefeuchteten Händen zu etwa rosenkohlgroßen Bällchen formen, auf ein Backblech legen und im Ofen 10 Minuten garen.

3. **Für den Rosenkohl** den Rosenkohl putzen, die äußeren Blätter entfernen. Rosenkohl waschen und den Strunk jeweils kreuzförmig einschneiden. Kohl in einem Topf mit kochendem Salzwasser etwa 1 Minute garen. Anschließend kalt abschrecken und abtropfen lassen. Zwiebeln schälen und grob würfeln. Kümmel in einer Pfanne etwa 1 Minute rösten, dann Öl, Zwiebeln und Rosenkohl dazugeben und alles kurz und kräftig anbraten. Mit Salz und Pfeffer würzen.

4. Gouda reiben. Gemüse und Hackbällchen in einer Auflaufform verteilen, mit der Sauce übergießen und mit dem geriebenen Käse bestreuen. Im Ofen auf der mittleren Schiene etwa 30 Minuten backen. Bei Bedarf in den letzten Minuten den Backofengrill dazuschalten. Grevenbroicher Hügel heiß in der Form servieren. Dazu schmecken Salzkartoffeln.

vom Niederrhein

ARBEITSZEIT: 30 MIN.

GARZEIT: 15 MIN.

BACKZEIT: 40 MIN.

RAVIOLI MIT PANHASFÜLLUNG

NUDELTASCHEN MIT DEM GEWISSEN ETWAS

Westfälischer Panhas ist Resteverwertung in Perfektion! Der sogenannte Blutkuchen ist ein Gericht mit langer Tradition in Westfalen, besonders im Ruhrgebiet. Jedes Jahr im Herbst gibt es zum Beispiel das Panhasfest in Hattingen – was für eine Ehre!

FÜR 2 PERSONEN

Für den Nudelteig:
250 g Mehl
Salz
50 g Hartweizengrieß
2 Eier
2 EL Olivenöl
Mehl für die Arbeitsfläche
1 Eiweiß

Für die Füllung:
200 g Panhas (ersatzweise feine Blutwurst)
1 Zwiebel
1 kleiner Apfel
1 Handvoll Petersilienblättchen
1 EL Butter
Salz • Pfeffer aus der Mühle

Außerdem:
2 Zwiebeln
3 EL Butter
2 TL Mehl

1. **Für den Nudelteig** Mehl und ½ TL Salz mischen. Grieß, Eier, Öl und 1 EL kaltes Wasser hinzufügen und zu einem geschmeidigen Teig verarbeiten. In Frischhaltefolie gewickelt 30 Minuten im Kühlschrank ruhen lassen.

2. **Für die Füllung** Panhas in ½ cm große Würfel schneiden. Zwiebel schälen und in Würfel schneiden. Apfel vierteln, schälen, entkernen und in Würfel schneiden. Petersilie hacken. Butter in einer Pfanne erhitzen, Zwiebelwürfel darin anbraten, Apfelwürfel hinzufügen und 1 Minute mitbraten. Pfanne vom Herd nehmen, Panhas und zwei Drittel der Petersilie unterrühren, mit Salz und Pfeffer würzen.

3. Teig durchkneten und auf der bemehlten Arbeitsfläche etwa 2 mm dick ausrollen. Mit einem Ausstecher Kreise (à etwa 6 cm Durchmesser) ausstechen, übrigen Teig erneut verkneten, ausrollen und weiter Kreise ausstechen, bis der Teig verbraucht ist.

4. Den Rand der Teigkreise mit etwas Eiweiß einpinseln. Auf jedes Teigplättchen mittig 1 EL Füllung geben, Teig halbmondförmig zusammenklappen und mit einer Gabel festdrücken.

5. Zwiebeln schälen, halbieren und in Scheiben schneiden. 1 EL Butter erhitzen. Zwiebeln mit Mehl bestäuben und darin bei mittlerer Hitze goldbraun braten. Herausnehmen und auf Küchenpapier entfetten.

6. Wasser in einem großen Topf aufkochen, salzen und die Ravioli einlegen. Ravioli knapp unter dem Siedepunkt garen, bis sie nach oben steigen. Die Pfanne auswischen und die restliche Butter darin schmelzen lassen. Ravioli mit dem Schaumlöffel aus dem Wasser nehmen und in der Butter schwenken. Auf vorgewärmten Tellern verteilen und mit Röstzwiebeln und restlicher Petersilie bestreut servieren.

Die Verpackung in Nudelteig ist unsere Idee – ursprünglich wurde die Wurst gebraten und mit Rübenkraut serviert

ARBEITSZEIT: 50 MIN.

RUHEZEIT: 30 MIN.

GARZEIT: 25 MIN.

SAUERLÄNDER SCHWALBENNESTER

Sie mögen Frikadellen und hart gekochte Eier? Dann könnten die Sauerländer Schwalbennester Ihr Leibgericht werden. Für die NRW-Variante der „Schottischen Eier" werden die Eier in einer Hackmasse frittiert – hört sich heftig an, ist aber genial und lecker!

FÜR 2 PERSONEN

Für die Schwalbennester:
½ Brötchen
5 Eier
1 kleine Zwiebel
1 Knoblauchzehe
250 g gemischtes Hackfleisch
ca. ½ Tasse Paniermehl
1 TL mittelscharfer Senf
Salz • Pfeffer aus der Mühle
1 l Frittieröl

Für das Kartoffelstroh:
4 festkochende Kartoffeln
Salz

Außerdem:
Mayonnaise und/oder Tomatenketchup (Fertigprodukt)

1. Für die Schwalbennester das Brötchen in Wasser einweichen. 4 Eier 8 Minuten kochen, kalt abschrecken und pellen. Zwiebel und Knoblauch schälen und in feine Würfel schneiden. Hackfleisch gut mit ausgedrücktem Brötchen, übrigem Ei, Zwiebel, Knoblauch, 1 EL Paniermehl und Senf mischen. Masse mit Salz und Pfeffer würzen.

2. Hackfleischmasse in 4 Portionen teilen. Die gekochten Eier jeweils mit 1 Portion Fleischmasse umhüllen, zu einer Kugel formen und dann im übrigen Paniermehl wälzen. Frittieröl in einem hohen Topf oder in der Fritteuse auf 180 °C erhitzen und die Schwalbennester darin 5 Minuten knusprig ausbacken. Herausnehmen, auf Küchenpapier entfetten und warm halten.

3. Für das Kartoffelstroh die Kartoffeln schälen, waschen, zuerst in dünne Scheiben und dann in feine lange Streifen schneiden. Die Kartoffelstreifen in ein Tuch legen und gut ausdrücken. Im heißen Frittierfett goldbraun ausbacken. Herausnehmen, auf Küchenpapier entfetten und mit Salz würzen.

4. Die Sauerländer Schwalbennester halbieren, auf dem Kartoffelstroh anrichten und mit etwas Mayonnaise und/oder Ketchup servieren. Dazu schmeckt ein gemischter Salat.

aus dem Sauerland

Im Sauerland serviert man die Schwalbennester entweder heiß mit Pommes oder kalt mit etwas Mayonnaise.

ARBEITSZEIT: 35 MIN.

GARZEIT: 20 MIN.

WESTFÄLISCHER ZWIEBELFLEISCH-BURGER

KLASSIKER MIT MODERNEM ANSTRICH

Fleisch war früher teuer und bei den meisten Familien musste es einen besonderen Anlass geben, um es aufzutischen. Auch das westfälische Zwiebelfleisch war ein Festmahl, das traditionell auf Hochzeiten serviert wurde. Richtig gut schmeckt es als Burger.

FÜR 2 PERSONEN

Für den Braten:

300 g Roastbeef (am Stück)
Salz • Pfeffer aus der Mühle
1 EL Öl

Für die Zwiebelsauce:

¼ l Rotwein
¼ l Gemüsebrühe
4 Wacholderbeeren
4 mittelgroße Gemüsezwiebeln
1 EL Butter
1 TL mittelscharfer Senf
2 EL Aceto balsamico
1 EL Rübenkraut
1 TL Speisestärke (nach Belieben)
Salz • Pfeffer aus der Mühle

Außerdem:

2 Burgerbrötchen
1 mittelgroße Gewürzgurke
4 Scheiben Schnittkäse

1. Für den Braten den Backofen auf 140 °C vorheizen. Roastbeef rundum mit Salz und Pfeffer würzen. Öl in einer Pfanne erhitzen und das Fleisch darin rundum kräftig anbraten. Fleisch aus der Pfanne nehmen, auf ein Backblech oder in eine ofenfeste Form legen und im Ofen auf der mittleren Schiene je nach Dicke etwa 20 bis 30 Minuten fertig garen. Um zu testen, ob es gar ist, mit dem Finger auf das Fleisch drücken: Gibt es nach, ist aber elastisch, ist es rosa und perfekt gegart. Ist es nur weich, ist es innen noch blutig.

2. Für die Zwiebelsauce den Bratensatz in der Pfanne mit Wein und Brühe lösen, Wacholderbeeren hinzufügen und aufkochen. Bratenfond etwa auf die Hälfte einkochen lassen und dann durch ein feines Sieb abseihen. Zwiebeln schälen und in Scheiben schneiden. Butter in einem Topf erhitzen und die Zwiebeln darin andünsten. Bratenfond, Senf, Essig und Rüben-

kraut hinzufügen und die Zwiebelsauce etwa 20 Minuten einkochen lassen. Die Sauce sollte dickflüssig sein. Bei Bedarf mit etwas in wenig Wasser aufgelöster Speisestärke binden. Mit Salz und Pfeffer würzen.

3. Roastbeef aus dem Ofen nehmen. Backofengrill einschalten. Fleisch in ½ cm dicke Scheiben schneiden. Gewürzgurke in dünne Scheiben schneiden. Burgerbrötchen halbieren, aufgeklappt auf ein Backblech legen und kurz rösten. Die Unterseiten zuerst mit Käse, dann mit 2 bis 3 Scheiben Fleisch, Zwiebeln, Gurke und 1 weiterer Scheibe Käse belegen. Die oberen Brötchenhälften daraufsetzen.

TIPP: Wer mag, belegt die Burger erst und überbackt sie dann etwa 5 Minuten im Ofen (obere Hälften danebenlegen). Burger dann schnell zusammenklappen und sofort servieren.

Für den Braten kann man zum Beispiel auch Tafelspitz nehmen. Wer keinen Burger mag, kann das Schmorfleisch auch mit Kartoffeln und Gurkensalat essen.

ARBEITSZEIT: 20 MIN.

GARZEIT: 30 MIN.

BACKZEIT: 30 MIN.

FERKESBUCHROULADEN MIT KARTOFFELPÜREE

Typisch Eifel – dies ist ein sehr bodenständiges Gericht, bei dem man aus einfachen Zutaten einen echten Gaumenschmaus zaubert. Von diesem Rezept scheint es genauso viele Varianten zu geben wie Dörfer in der Eifel.

FÜR 2 PERSONEN

Für die Rouladen:

350 g roher Schweinebauch
Salz • Pfeffer aus der Mühle
½ Zwiebel • 3 TL süßer Senf
3 Scheiben roher Schinken
80 g Sauerkraut • 1 EL Öl

Für die Sauce:

1 Zwiebel • 1 Möhre
30 g Schweineschmalz
½ TL Tomatenmark
150 ml dunkles Bier
1 getr. Lorbeerblatt
3 Wacholderbeeren
1 EL Schmand
Salz • Pfeffer aus der Mühle

Für das Püree:

400 g mehligkochende Kartoffeln • Salz • 100 g Butter
200 ml Milch
frisch geriebene Muskatnuss
Pfeffer aus der Mühle

1. **Für die Rouladen** den Schweinebauch in 3 Scheiben schneiden, diese halbieren und dünner klopfen. Auf beiden Seiten mit Salz und Pfeffer würzen. Zwiebel schälen und in feine Ringe schneiden. Alle Schweinebauchscheiben auf einer Seite mit Senf bestreichen, mit je ½ Scheibe Schinken belegen, Sauerkraut und Zwiebel darauf verteilen. An den Rändern etwas Platz lassen. Die Schweinebauchscheiben quer zur Fleischmaserung zu Rouladen rollen und mit Rouladennadeln fixieren. In einer Pfanne das Öl erhitzen und die Rouladen darin rundum kräftig anbraten. Backofen auf 180 °C (Umluft) vorheizen.

2. **Für die Sauce** Zwiebel und Möhre schälen und in 1 bis 2 cm große Würfel schneiden. Schweineschmalz in einem kleinen Bräter erhitzen und die Gemüsewürfel darin kräftig anbraten. Tomatenmark hinzufügen und unter Rühren 1 Minute weiterbraten. Mit Bier ablösen. Lorbeerblatt, angedrückte Wacholderbeeren und Rouladen samt Bratensatz hinzufügen. Mit Wasser auffüllen, bis die Rouladen zu zwei Dritteln bedeckt sind, und im Ofen etwa 30 Minuten garen.

3. **Für das Püree** die Kartoffeln schälen, waschen, in grobe Stücke schneiden und in einem Topf mit Salzwasser weich garen. Butter und Milch erhitzen, mit 1 kräftigen Prise Muskatnuss würzen. Kartoffeln abgießen, die Milchmischung hinzufügen und zu einem feinen Püree verarbeiten. Mit Salz und Pfeffer würzen.

4. Rouladen aus der Sauce nehmen, warm halten. Sauce pürieren, durch ein feines Sieb in einen Topf passieren und kurz aufkochen. Schmand hinzufügen, mit Salz und Pfeffer würzen. Kartoffelpüree auf zwei Tellern anrichten, die Rouladen danebenlegen und die Sauce über die Rouladen gießen. Nach Belieben mit Schnittlauch bestreuen.

ARBEITSZEIT: 45 MIN. ↻

GARZEIT: 40 MIN. ↻

KLASSISCHER PFEFFERPOTTHAST

Man findet das Gericht unter vielen Namen in allen westfälischen Kochbüchern, aber Dortmund reklamiert das Originalgericht für sich. Der Pfeffer im Namen steht wohl nicht für das Gewürz, sondern wie früher üblich vielmehr für eine stark gewürzte Speise.

FÜR 4 PERSONEN

1 Rote Bete (vorgegart und vakuumiert)
2 Möhren
2 Zwiebeln
600 g Rinderhüfte
Butterschmalz zum Braten
3 EL Mehl
1 l Rinderfond
2 Scheiben Pumpernickel
1–2 TL Pfeffer aus der Mühle
½ TL Nelkenpulver
2 getr. Lorbeerblätter
2 EL Zitronensaft
Salz
50 g Sahne
2 Stiele Petersilie

aus Dortmund

1. Rote Bete in feine Würfel schneiden, dabei am besten Einweghandschuhe tragen, da die Knollen stark abfärben. Möhren und Zwiebeln schälen und klein schneiden.

2. Das Fleisch bei Bedarf von Fett und Sehnen befreien und in grobe Würfel schneiden.

3. Butterschmalz in einem Bräter erhitzen, das Fleisch darin rundum kräftig anbraten und mit etwas Mehl bestäuben. Das Fleisch dabei von einer Seite in Ruhe braten lassen und erst wenden, wenn es braun geworden ist. Herausnehmen und beiseitestellen.

4. Backofen auf 180 °C vorheizen. Gemüsestücke in den Bräter geben und kräftig im Bratensatz anrösten. Bei Bedarf noch etwas Schmalz hinzufügen. Gemüse mit Fond ablöschen. Pumpernickel zerbröseln und mit Pfeffer, Nelkenpulver und Lorbeerblättern zur Sauce geben. Alles auf-

kochen und mit Zitronensaft und Salz abschmecken.

5. Zum Schluss die angebratenen Rindfleischwürfel hinzufügen. Das Fleisch sollte gut mit Flüssigkeit bedeckt sein, bei Bedarf noch etwas Wasser oder Fond angießen. Deckel auflegen. Pfefferpotthast im Ofen auf der mittleren Schiene etwa 2 Stunden schmoren lassen.

6. Lorbeerblätter entfernen, Sahne unterrühren und den Pfefferpotthast mit allen Gewürzen abschmecken. Der Pfefferpotthast wird in tiefen Tellern serviert. Ist er nicht flüssig genug, noch etwas Wasser oder Fond hinzufügen. Petersilie waschen und trocken tupfen, Blätter nach Belieben grob hacken und den Potthast damit bestreuen. Dazu schmecken Salzkartoffeln oder gebuttertes Graubrot.

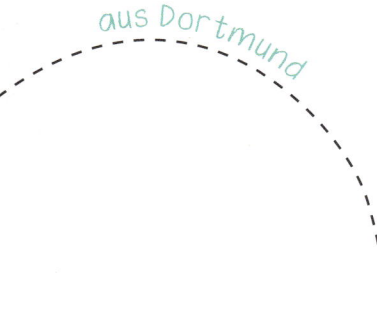

Fleisch sollte generell Raum-
temperatur haben,
wenn es in die Pfanne oder in
den Schmortopf kommt.

ARBEITSZEIT: 25 MIN.

GARZEIT: 2 ¼ STD.

NIEDERRHEINISCHER SALZBRATEN

Ja, am Niederrhein gibt es reichlich Salz! Eine ganze Salzpfanne sogar, eine 200 Meter dicke, unterirdische Salzschicht. Abgebaut wird das Steinsalz im Salzbergwerk Borth seit etwa 1924. Der Salzbraten ist eine Hommage an diesen Schatz der Natur.

FÜR 6–8 PERSONEN

Für den Salzbraten:
500 g niederrheinisches Steinsalz (ersatzweise grobes Meersalz)
1½ kg Nackenbraten vom Schwein

Für die Béchamelkartoffeln:
500 g kleine festkochende Kartoffeln
Salz
1 kleine Zwiebel
25 g Butter
25 g Mehl
125 ml Milch
¼ l Gemüsebrühe
Pfeffer aus der Mühle
½ Bund Schnittlauch

1. Für den Salzbraten den Backofen auf 175°C vorheizen. Salz in einem flachen Bräter so verteilen, dass die Schicht mindestens 1 cm dick ist. Das Fleisch daraufsetzen. Mit Salz einreiben und im Ofen auf der mittleren Schiene 2 Stunden garen.

2. Fertigen Braten aus dem Ofen nehmen. Noch 10 Minuten mit Alufolie zugedeckt ruhen lassen, dann in Scheiben schneiden.

3. Für die Béchamelkartoffeln die Kartoffeln schälen, waschen und in Salzwasser weich garen. Abgießen und beiseitestellen. Zwiebel schälen und in feine Würfel schneiden. Butter in einem mittelgroßen Topf zerlassen und die Zwiebelwürfel darin glasig dünsten. Mehl hinzufügen und bei mittlerer Hitze unter Rühren hellbraun anrösten.

4. Unter ständigem Rühren mit einem Schneebesen Milch und Brühe dazugießen. Sauce aufkochen und bei schwacher Hitze unter gelegentlichem Rühren 10 Minuten köcheln lassen. Die Sauce mit Salz und Pfeffer würzen, die Kartoffeln im Ganzen oder in Würfeln hinzufügen.

5. Den Schnittlauch waschen, trocken schütteln, in Röllchen schneiden und unter die Kartoffeln mischen. Salzbraten mit Béchamelkartoffeln anrichten. Dazu schmeckt grüner Salat mit Essig-Öl-Dressing.

RHEINISCHER SAUERBRATEN

An einen guten Sauerbraten kommt so schnell nichts ran. Er ist damit der Inbegriff der rheinischen Kochkultur. Früher wurde er aus Pferdefleisch gemacht – heute rümpfen darüber viele die Nase und im Bräter landet fast nur noch Rind.

FÜR 3–4 PERSONEN

Für die Marinade:

1 Zwiebel • 150 g Knollensellerie
150 g Möhren • 150 g Lauch
3 Gewürznelken
5 Wacholderbeeren
2 Pimentkörner
3 schwarze Pfefferkörner
1 EL Senfkörner
3 getr. Lorbeerblätter
Salz • 1 EL Zucker
300 ml Rotwein
3 EL Rotweinessig

Für den Sauerbraten:

600 g Rinderbraten
Salz • Pfeffer aus der Mühle
2 EL Öl • 2 EL Tomatenmark
150 g Printen (natur)
2 EL Zuckerrübensirup
2 EL Johannisbeergelee
5 EL Rosinen oder Sultaninen

1. Für die Marinade das Gemüse putzen, schälen bzw. waschen und in grobe Stücke schneiden. In einen Topf geben. Die Gewürze für die Marinade leicht zerstoßen und mit 1 EL Salz, Zucker, ½ l Wasser, Rotwein und Essig hinzufügen. Alles kurz aufkochen, dann vollständig abkühlen lassen.

2. Für den Sauerbraten den Rinderbraten in diesen kalten Sud legen und zugedeckt im Kühlschrank mindestens 3, besser 4 Tage marinieren. Das Fleisch muss vollständig bedeckt sein.

3. Das marinierte Fleisch aus dem Sud nehmen und mit Küchenpapier trocken tupfen. Sud durch ein Sieb gießen, Gemüse und Gewürze abtropfen lassen. Sowohl den Sud als auch Gemüse und Gewürze aufheben.

4. Das Fleisch rundum mit Salz und Pfeffer würzen und in einem Bräter im Öl scharf anbraten. Gemüse und Gewürze aus der Marinade zusammen mit dem Tomatenmark zum Fleisch hinzufügen und mitbraten. Dann nach und nach mit der Marinade und der gleichen Menge an Wasser (etwa 300 ml) ablöschen und kurz aufkochen.

5. Die Printen in die Sauce bröseln. Zuckerrübensirup, Johannisbeergelee und 2 EL Rosinen oder Sultaninen hinzufügen. Den Deckel auflegen, den Braten 2 ½ Stunden bei schwacher Hitze schmoren. Bei Bedarf etwas Wein oder Wasser nachgießen.

6. Das Fleisch aus der Sauce nehmen. Die Sauce durch ein Sieb passieren und mit den restlichen Rosinen oder Sultaninen in einem Topf nochmals aufkochen. Den Sauerbraten quer zur Faser in Scheiben schneiden und mit reichlich Sauce bedecken. Im Rheinland serviert man Sauerbraten traditionell mit Rotkohl, Kartoffelklößen und Apfelmus.

Achtung: Das Fleisch muss mindestens 3 Tage marinieren! Vakuumiert man es mit der Marinade, dann reicht auch 1 Tag.

ARBEITSZEIT: 35 MIN.

MARINIERZEIT: 3 TAGE

GARZEIT: 2 ¾ STD.

SAUERLÄNDER BIERFLEISCH

Egal ob Edelgastronomie oder Dorfkrug – im gesamten Sauerland steht dieses deftige Schmorgericht auf der Karte. Kein Wunder, sind doch in dieser Region zwei der größten Brauereien Deutschlands ansässig.

FÜR 4 PERSONEN

1 kg Schweinenacken
Salz
4 EL Öl
160 g Räucherspeck (am Stück)
2 Flaschen Pils (à 0,33 l)
60 g Zuckerrübensirup
4 EL Weißweinessig
2 TL mittelscharfer Senf
4 Gewürznelken
6 Wacholderbeeren
6 Pimentkörner
3 getr. Lorbeerblätter
4 Möhren
200 g Knollensellerie
1 Stange Lauch
2 Knoblauchzehen
Pfeffer aus der Mühle
Speisestärke (nach Belieben)

1. Den Backofen auf 180 °C (Umluft) vorheizen. Schweinenacken kräftig salzen und in einem Bräter im Öl rundum anbraten. Speck am Stück hinzufügen und mitbraten. Mit Bier ablöschen, dann 350 ml Wasser, Sirup, Essig und Senf hinzufügen. Nelken, Wacholderbeeren, Pimentkörner und Lorbeerblätter in ein Gewürzsäckchen füllen und dieses in den Sud legen. Bräter verschließen und Fleisch im Ofen auf der mittleren Schiene etwa 1 Stunde braten.

2. Gemüse putzen, schälen bzw. waschen und in grobe Stücke schneiden. Knoblauch schälen und andrücken. Das Gemüse und den Knoblauch nach 1 Stunde Garzeit zum Fleisch hinzufügen. Deckel abnehmen und alles 30 Minuten weiterschmoren.

3. Fleisch und Speck aus dem Bräter nehmen, in Alufolie wickeln und ein paar Minuten ruhen lassen.

4. Sauce durch ein feines Sieb in einen Topf abgießen, aufkochen, mit Salz und Pfeffer würzen. Nach Belieben mit etwas in kaltem Wasser angerührter Speisestärke abbinden.

5. Braten quer zur Faser in etwa 2 cm dicke Scheiben und den Speck in dünne Streifen schneiden. Sauerländer Bierfleisch mit reichlich Sauce servieren. Dazu schmecken Petersilienkartoffeln.

TIPP: Anstelle von Schweinenacken kann man auch Rindfleisch verwenden.

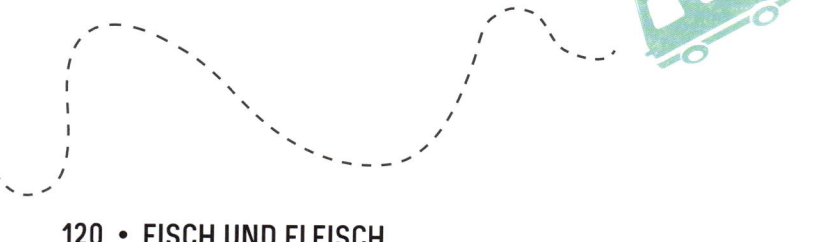

ARBEITSZEIT: 25 MIN.

GARZEIT: 1 ½ STD.

an Jovel

ACHTUNG, SUCHTGEFAHR!

* DESSERTS UND GEBÄCK *

SCHLACKENKOHLE MIT ORANGENSAUCE

SCHOKOTRAUM MIT FRUCHT

Bei der Kohlegewinnung fallen Schlacken an – und die sind dunkel und zähflüssig.
So kommt auch dieser lecker schokoladige Puddingkuchen daher,
quasi als Hommage an den Bergbau im Ruhrgebiet.

FÜR 4 PERSONEN

Für die Schlackenkohle:

100 g Zartbitterschokolade
150 ml Milch
70 g Butter
2 EL Kakaopulver
1 TL Vanillezucker
Salz
100 g Mehl
4 Eier
4 EL Zucker

Für die Orangensauce:

1 Bio-Orange
½ Vanilleschote
200 g Sahne
3 EL Zucker
1 TL Speisestärke
1 Eigelb

Außerdem:

Butter zum Einfetten
4 Einmachgläser (à 200 ml) mit
Deckel und Gummiring

1. **Für die Schlackenkohle** die Schokolade grob hacken. Die Milch in einem Topf erhitzen, Schokostücke und Butter darin schmelzen lassen. Dabei immer wieder umrühren. Kakaopulver, Vanillezucker und 1 Prise Salz zur Schokoladenmilch geben und unter ständigem Rühren aufkochen. Die Hitze reduzieren, das Mehl unterrühren, bis sich die Masse vom Topfboden löst. Teig abkühlen lassen.

2. Die Eier trennen. Eigelbe und Zucker cremig rühren. Zum abgekühlten Teig hinzufügen. Eiweiße steif schlagen und unter den Schokoladenteig heben.

3. Wasser in einem genügend großen Topf zum Sieden bringen. Die Einmachgläser sollen bis zur Hälfte im Wasser stehen. Gläser innen mit Butter einfetten, gut zur Hälfte mit Teig füllen, verschließen und den Kuchen im Wasserbad 30 bis 40 Minuten garen. Bei Bedarf heißes Wasser nachgießen.

4. **Für die Orangensauce** die Orange heiß abwaschen, trocken reiben und die Schale fein abreiben. Orange halbieren und auspressen. Vanilleschote längs aufschneiden und das Mark herauskratzen. Vanillemark samt Schote mit Sahne, Zucker, Orangensaft und -schale erhitzen. Speisestärke in wenig kaltem Wasser auflösen und unter ständigem Rühren hinzufügen. Orangensauce einmal aufkochen und vom Herd nehmen.

5. Einen Teil der heißen Sauce mit in das Eigelb rühren. Eigelbmischung unter ständigem Rühren zurück in die Sauce gießen, diese bis kurz unter den Siedepunkt erhitzen, dabei beständig weiterrühren. Vanilleschote entfernen und die Sauce abkühlen lassen.

6. Schlackenkohle im Glas mit Orangensauce servieren. Toll dazu sind mit weißer Schokolade überzogene Himbeerspieße.

BERGISCHE APFELCREME

Den Apfel und das Bergische Land verbindet eine innige Liebesgeschichte. In der hügeligen Landschaft gibt es unzählige Streuobstwiesen. Eine Variante dieses Rezepts haben wir bei Recherchen entdeckt – es stammt von der Großmutter eines Apfelbauern.

FÜR 4 PERSONEN

Für die Apfelcreme:

40 g Zucker
1 Päckchen Vanillezucker
35 g Speisestärke
3 Eigelb
½ l klarer Apfelsaft

Für den Mandelkrokant:

60 g Mandelblättchen
60 g Zucker

Für die Schmandsahne:

120 g Sahne
1 Päckchen Vanillezucker
2 EL Schmand

1. Für die Apfelcreme in einem Schälchen Zucker, Vanillezucker und Speisestärke mischen. Eigelbe und 2 EL Apfelsaft mit einem Schneebesen gründlich unterrühren. Den restlichen Apfelsaft in einem Topf aufkochen. Vom Herd nehmen und die Stärkemischung unter kräftigem Rühren mit dem Schneebesen hinzufügen. Den Topf wieder zurück auf den Herd stellen, unter ständigem Rühren 1 bis 1 ½ Minuten aufkochen lassen, bis die Creme puddingartig eindickt. In vier Schälchen füllen und mindestens 2 Stunden kühl stellen.

2. Für den Mandelkrokant die Mandelblättchen ohne Fett anrösten, bis sie duften. Beiseitestellen. Zucker und 3 EL Wasser in einer Pfanne zum Kochen bringen und köcheln lassen, bis die Flüssigkeit sich bernsteinfarben färbt. Mandelblättchen unterrühren, auf ein mit Backpapier belegtes Backblech gießen und abkühlen lassen.

3. Für die Schmandsahne kurz vor dem Servieren die Sahne mit Vanillezucker steif schlagen. Schmand unterrühren. Mandelkrokant mit einem großen Messer in Stückchen hacken.

4. Schmandsahne auf der Apfelcreme anrichten und mit Mandelkrokant bestreuen.

TIPP: Wenn die Karamellmasse krümelig wird, liegt es daran, dass die Mandeln die Zuckermasse zu schnell abgekühlt haben. In diesem Fall zurück in die Pfanne geben, etwas Wasser hinzufügen und so lange erwärmen, bis die Masse wieder flüssig ist. Erneut abkühlen lassen.

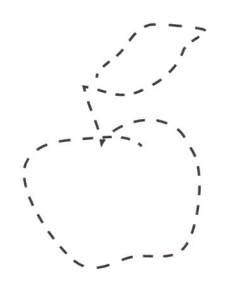

ARBEITSZEIT: 25 MIN.

KÜHLZEIT: 2 STD.

HERRENCREME-TIRAMISU

An Festtagen werden im Raum Münster die Gäste zum Dessert traditionell mit einer Herrencreme verwöhnt. Vanillepudding wird dafür mit Rum und Schokostückchen aufgemotzt. Bei uns tritt der Nachtisch noch eine kleine Reise nach Italien an.

FÜR 2 PERSONEN

Für den Pudding:

¼ l Milch
½ Vanilleschote
1 TL abgeriebene Bio-Orangenschale
1 EL Orangensaft
Salz
50 g brauner Zucker
1 EL Speisestärke
100 g Sahne
1 sehr frisches Eigelb
2 EL Zartbitterschokoladenraspeln

Außerdem:

80 g frische Beeren
(z.B. Erdbeeren, Himbeeren
oder Heidelbeeren)
4 Blättchen Minze
1 TL brauner Zucker
100 ml kalter starker Kaffee
2 cl Rum
8 Löffelbiskuits

1. Für den Pudding die Milch bis auf 3 EL in einen Topf gießen. Vanilleschote längs aufschneiden, das Mark herauskratzen und samt Schote zur Milch hinzufügen. Vanillemilch aufkochen und zugedeckt 15 Minuten ziehen lassen.

2. Die Vanilleschote entfernen, Orangenschale, Orangensaft, 1 Prise Salz und Zucker hinzufügen, erneut aufkochen lassen, dann vom Herd nehmen. Speisestärke in der restlichen Milch auflösen, unterrühren und den Topf zurück auf den Herd stellen. Unter ständigem Rühren 1 bis 1 ½ Minuten aufkochen lassen, bis die Milch eindickt. Pudding in eine Schale umfüllen und die Oberfläche mit Frischhaltefolie abdecken. Abkühlen lassen.

3. Die Sahne steif schlagen. Eigelb kurz schaumig schlagen. Beides mit den Schokoladenraspeln unter den abgekühlten Pudding heben. Pudding in den Kühlschrank stellen.

4. Beeren verlesen, ggf. waschen, putzen und die Früchte in mundgerechte Stücke schneiden. Minzeblättchen mit dem Zucker zerstampfen und unter die Beeren mischen.

5. Kaffee mit Rum in einer kleinen Schale mischen. Löffelbiskuits halbieren, in die Kaffeemischung tunken und den Boden von zwei Gläsern mit einigen Stücken auslegen. In jedes Glas jeweils ein Viertel des Puddings löffeln. Mit restlichen Löffelbiskuits belegen und mit dem restlichen Pudding auffüllen. Beerenmischung auf dem Herrencreme-Tiramisu verteilen und 1 Stunde im Kühlschrank durchziehen lassen.

TIPP: Man kann die Schokoladenraspeln auf einer groben Reibe ganz einfach selbst aus seiner Lieblingsschokolade herstellen.

aus dem Münsterland

Ist das Ei wirklich frisch? Test:
Ei in ein mit kaltem Wasser
gefülltes Glas geben – sinkt es schnell
zu Boden, dann ist es frisch.

SÜSSES POTTGEBÜDELS

MÄCHTIGES GUTE-LAUNE-ESSEN

Aus dem Bergischen Land soll das „Pottgebüdels" stammen, ein Riesenkloß aus Graupen und Reis sowie Früchten. Der Name leitet sich aus der Zubereitung ab: Die Zutaten werden in einem provisorischen Beutel („Gebüdels") in einem Topf („Pott") im Wasser gegart.

FÜR 4 PERSONEN

Für das Pottgebüdels:
100 g Dörrobst-Mix (z.B. Pflaumen, Äpfel und Birnen)
125 g mittelfeine Graupen
125 g Milchreis
75 g Rosinen
Salz

Für die Vanillesauce:
150 g Sahne
¼ l Milch
1 Vanilleschote
½ Zimtstange
5 Eigelb
50 g Puderzucker

1. **Für das Pottgebüdels** ein Küchentuch aus Leinen anfeuchten und eine Schüssel damit auslegen. Das Dörrobst grob hacken. Graupen, Milchreis, Dörrobst und Rosinen getrennt voneinander waschen und abtropfen lassen. Nun nacheinander Graupen, Dörrobst, Milchreis und Rosinen auf das vorbereitete Tuch schichten, dabei jede Schicht mit wenig Salz bestreuen.

2. Das Tuch oben zusammenraffen und mit Küchengarn nicht zu stramm zubinden, damit das Pottgebüdels Platz zum Aufquellen hat. Den zugebundenen Leinenbeutel in einen Topf legen und mit so viel Wasser übergießen, dass der Leinenbeutel vollkommen bedeckt ist. Das Pottgebüdels aufkochen und bei schwacher Hitze 2 Stunden leise köcheln lassen.

3. **Für die Vanillesauce** Sahne und Milch in einen Topf gießen. Die Vanilleschote längs aufschneiden, das Mark herauskratzen und samt Schote und Zimtstange zur Sahnemischung hinzufügen. Alles aufkochen.

4. Inzwischen Eigelbe und den Puderzucker in einer Rührschüssel über dem heißen Wasserbad mit einem Schneebesen schaumig aufschlagen.

5. Vanilleschote und Zimtstange aus der Sahnemischung entfernen. Die heiße Sahnemischung in dünnem Strahl zur Eigelbmischung geben, dabei die Mischung weiter mit dem Schneebesen aufschlagen, bis die Sauce leicht eindickt. Bis zum Servieren warm stellen.

6. Das Pottgebüdels aus dem Kochwasser nehmen und aus dem Tuch wickeln. Auf Tellern anrichten und mit der warmen Vanillesauce servieren.

aus dem Bergischen Land

Das Pottgebüdels passt auch perfekt als Beilage zu herzhaften Schmorgerichten.

ARBEITSZEIT: 25 MIN.

GARZEIT: 2 STD.

ARME RITTER MIT ERDBEEREN UND KARAMELL

Schon im Mittelalter hat man Brot in eine Mischung aus Sahne und Eiern getunkt und dann in Butter angebraten. Somit ist diese Speise eigentlich in ganz Europa ein Klassiker, je nach Region unterschiedlich zubereitet.

FÜR 2 PERSONEN

Für die Karamellsauce:
4 EL Zuckerrübensirup
200 g Sahne
½ Vanilleschote

Für die armen Ritter:
4 Scheiben Toastbrot oder Weißbrot (vom Vortag)
2 Eier
100 ml Milch
50 g Sahne
Salz
¼ TL Zimtpulver
Butter oder Öl zum Ausbacken

Außerdem:
12 Erdbeeren

1. Für die Karamellsauce den Zuckerrübensirup und die Sahne in einen Topf füllen. Vanilleschote längs aufschneiden und das Mark mit einem spitzen Messer herauskratzen. Schote samt Mark zur Sahnemischung hinzufügen und alles bei schwacher Hitze 15 bis 20 Minuten eindicken lassen, dabei regelmäßig umrühren. Sauce warm halten.

2. Erdbeeren waschen, trocken tupfen und Kelchblätter entfernen. Die Früchte halbieren.

3. Für die armen Ritter die Toastbrote einmal quer durchschneiden, sodass 8 Dreiecke entstehen. Eier, Milch, Sahne, 1 Prise Salz und Zimtpulver mit dem Schneebesen schaumig schlagen. Milch-Ei-Gemisch in einen tiefen Teller füllen und die Toastscheiben gründlich darin eintauchen.

4. Butter oder Öl in einer Pfanne erhitzen und die armen Ritter auf beiden Seiten bei mittlerer Hitze hellbraun ausbacken. Herausnehmen und auf Küchenpapier entfetten.

5. Die armen Ritter mit den Erdbeeren auf Tellern anrichten. Mit der Karamellsauce übergießen und sofort servieren.

aus ganz NRW

BETRUNKENER MÖNCH

Diese Variante des armen Ritters spielt darauf an, dass so mancher Mönch im Mittelalter während des Fastens seinen leeren Magen mit alkoholischen Getränken füllte und sich so weit entfernt von jeder Sünde wähnte.

FÜR 2 PERSONEN

Für die Vanillesauce:

125 ml Milch
125 g Sahne
50 g Zucker
Mark von 1 Vanilleschote
2 Eigelb

Für die betrunkenen Mönche:

3 Brötchen vom Vortag
100 ml lieblicher Weißwein
2 EL Aprikosenkonfitüre
125 g Butterschmalz
1 Ei
Mark von ½ Vanilleschote
abgeriebene Schale von
½ Bio-Zitrone
3 gehäufte EL Paniermehl
Puderzucker zum Bestäuben

1. **Für die Vanillesauce** Milch, Sahne, Zucker und Vanillemark aufkochen. Eigelbe in einer Schüssel mit einem Schneebesen verrühren und die heiße Milchmischung unter kräftigem Rühren hinzufügen. Eimischung zurück in den Topf gießen und bei schwacher Hitze unter ständigem Rühren so lange erhitzen, bis die Sauce andickt.

2. **Für die betrunkenen Mönche** die Brötchen in Scheiben schneiden und kurz in Wein einweichen, dabei nur die großen und mittleren Scheiben verwenden. Die Hälfte der Scheiben mit Konfitüre bestreichen und mit den restlichen Scheiben abdecken.

3. Das Butterschmalz in einer Pfanne erhitzen. Ei mit Vanillemark und Zitronenschale in einem tiefen Teller verquirlen. Paniermehl in einen zweiten Teller geben. Die zusammengeklappten Brötchenscheiben erst durch das verquirlte Ei ziehen, dann im Paniermehl wenden.

4. Die betrunkenen Mönche im Butterschmalz bei mittlerer Hitze goldgelb ausbacken, aus der Pfanne nehmen, auf Küchenpapier entfetten und auf Teller verteilen. Betrunkene Mönche mit Puderzucker bestäuben und mit Vanillesauce servieren.

aus dem Rhein-Sieg-Kreis

Die „betrunkenen Mönche" schmecken auch einfach nur mit Puderzucker bestäubt

ARBEITSZEIT: 40 MIN.

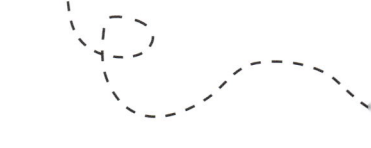

ELBERFELDER KRINGEL

GANZ BESONDERES TRADITIONSGEBÄCK

Das Rezept wird Wuppertal-Elberfeld zugeordnet und damit gilt der Kringel als bergische Spezialität. Schon in einem Kochbuch von 1849 wurde er erwähnt, damals war Elberfeld noch eigenständig. Die Marzipanfüllung haben wir dazugedichtet.

FÜR 12 STÜCK
Für den Teig:
½ Würfel Hefe • 100 g Zucker
¼ l Milch + 2 EL Milch zum
Bestreichen
500 g Mehl + Mehl für die
Arbeitsfläche
150 g weiche Butter
3 zimmerwarme Eier
Salz • 1 TL Backpulver
1 Eigelb

Für das Marzipan:
150 g geschälte Mandeln
100 g Puderzucker
1 EL Amaretto
Saft und abgeriebene Schale
von ½ Bio-Orange

Außerdem:
150 g gemischte Beeren
(z.B. Himbeeren, Heidelbeeren
und Erdbeeren)
1 TL Zimtpulver
frisch geriebene Muskatnuss

1. **Für den Teig** die Hefe mit 2 EL Zucker in der leicht erwärmten Milch auflösen und 2 EL Mehl unterrühren. Diesen Vorteig an einem warmen Ort 30 Minuten gehen lassen.

2. Restlichen Zucker, restliches Mehl, Butter, Eier, 1 Prise Salz und Backpulver in eine Schüssel füllen. Vorteig hinzufügen und alles mit den Knethaken des Handrührgeräts 5 Minuten zu einem glatten Teig verkneten. Zugedeckt an einem warmen Ort 30 Minuten gehen lassen.

3. **Für das Marzipan** Mandeln, Puderzucker, Amaretto, Orangensaft und -schale im Küchenmixer zu einer geschmeidigen Masse verarbeiten. Zum Schluss das Marzipan kurz von Hand verkneten, in Frischhaltefolie wickeln und beiseitelegen.

4. Beeren verlesen, bei Bedarf waschen und trocken tupfen. Die Beeren fein pürieren und das Mus beiseitestellen.

5. Zimtpulver und 1 Prise Muskatnuss mischen. Hefeteig in 12 Stücke teilen. Jedes Teigstück auf der bemehlten Arbeitsfläche zu einem Rechteck von ½ cm Dicke ausrollen. Jedes Teigstück zuerst mit Marzipan, dann mit etwas Beerenmus bestreichen (z.B. mithilfe eines Teigschabers) und mit etwas Zimtmischung bestreuen. Teigplatten längs zu Strängen aufrollen und die Enden der Rollen verbinden, sodass Kringel entstehen. Ein Backblech mit Backpapier auslegen, Elberfelder Kringel darauf verteilen und 10 Minuten ruhen lassen.

6. Backofen auf 170°C vorheizen. Eigelb mit Milch verrühren und die Kringel gleichmäßig damit bestreichen. Im Ofen auf der mittleren Schiene etwa 30 Minuten goldbraun backen. Herausnehmen, abkühlen lassen und mit dem restlichen Fruchtmus servieren.

Wer das Marzipan nicht selbst machen möchte, verwendet Marzipanrohmasse.

ARBEITSZEIT: 50 MIN.

WARTEZEIT: 70 MIN.

BACKZEIT: 30 MIN.

BUCHWEIZENPANCAKES MIT JOHANNISBEERSIRUP

Gerichte mit Buchweizen haben Tradition am Niederrhein. Das Knöterichgewächs wurde hier angebaut, da die Ackerböden nicht ideal für Getreide sind. Der Name Buchweizen entstand, weil die Samen die Form von Bucheckern haben.

FÜR 2 PERSONEN

Für den Johannisbeersirup:
100 g Rote Johannisbeeren
2 EL Rübenkraut
¼ TL Vanillemark

Für die Pancakes:
150 g Buchweizenmehl
1 TL Backpulver
Salz
2 EL Zucker
200 ml Milch
3 Eier

Außerdem:
Butterschmalz zum Braten
Rote Johannisbeeren zum Garnieren

1. **Für den Johannisbeersirup** die Johannisbeeren waschen und von den Stielen streifen. In einen kleinen Topf füllen und leicht zerdrücken. Rübenkraut, Vanillemark und 50 ml Wasser hinzufügen. Mischung aufkochen und bei mittlerer Hitze mit aufgelegtem Deckel 10 Minuten köcheln lassen, dabei ab und zu umrühren. Nach 10 Minuten den Deckel abnehmen und die Johannisbeermischung weitere 5 Minuten einkochen, dann abkühlen lassen. Den Sirup durch ein feines Sieb in eine Karaffe abseihen, Beeren im Sieb gut ausdrücken.

2. **Für die Pancakes** Buchweizenmehl, Backpulver, 1 Prise Salz und Zucker in einer Rührschüssel mischen. Milch und Eier hinzufügen und alles mit dem Schneebesen zu einem flüssigen Teig verrühren. Den Teig 5 Minuten quellen lassen.

3. Etwas Butterschmalz in einer Pfanne erhitzen und den Teig mit einer Saucenkelle in die Pfanne portionieren. Pancakes auf beiden Seiten goldbraun braten, bei Bedarf noch etwas Butterschmalz hinzufügen.

4. Die noch warmen Pancakes auf Teller verteilen, mit dem Johannisbeersirup übergießen, mit ein paar Johannisbeeren garnieren und sofort servieren.

TIPP: Wer besonders luftige Pancakes möchte, sollte die Eier trennen, die Eiweiße steif schlagen und erst nach dem Quellen unter den Teig heben.

vom Niederrhein

Aus Buchweizenmehl lassen sich Brot und Kuchen backen - aber Vorsicht: Es enthält kein Gluten (Klebereiweiß), daher sollte man es, wenn keine Eier im Rezept vorkommen, zum Beispiel mit Weizenmehl mischen.

ARBEITSZEIT: 35 MIN.

GARZEIT: 25 MIN.

BETTELMANN MIT ÄPFELN UND HIMBEEREN

FRUCHTIG-SÜSSER KNUSPERSPASS

Bettelmann ist schon ein kurioser Name für eine Süßspeise, vor allem, weil sie so gar nichts Ärmliches an sich hat. Die Ruhrpöttler haben einst Brot- und Obstreste verarbeitet, die moderne Interpretation ist ein waschechter Crumble – ein Traum für Streuselfans!

FÜR 2 PERSONEN

Für den Bettelmann:

50 g Rosinen
2 EL Rum
200 g Butter
100 g Zucker
150 g fein geriebenes Schwarzbrot oder Paniermehl
150 g Vollkornweizenmehl
Salz
Butter für die Form
200 g Himbeeren
3 säuerliche Äpfel
2 EL Zitronensaft
80 g gehackte Mandeln

Außerdem:

100 g Sahne
¼ TL Zimtpulver
1 Päckchen Vanillezucker

1. **Für den Bettelmann** Rosinen kurz mit heißem Wasser übergießen und abtropfen lassen. Dann in einer kleinen Schale mit Rum beträufeln und etwa 15 Minuten ziehen lassen. Backofen auf 170°C vorheizen.

2. Butter, Zucker, geriebenes Schwarzbrot oder Paniermehl, Mehl und ½ TL Salz mit den Knethaken des Handrührgeräts zu einem glatten Teig verkneten. Teig von Hand zu einem flachen Fladen formen und in Frischhaltefolie gewickelt 15 Minuten im Kühlschrank ruhen lassen.

3. Eine Auflaufform mit Butter einfetten und beiseitestellen.

4. Himbeeren verlesen, kurz unter kaltem Wasser abbrausen und auf Küchenpapier verteilt abtropfen lassen. Äpfel vierteln, schälen, entkernen und in mundgerechte Stücke schneiden. Mit Zitronensaft beträufeln.

5. Rosinen, Äpfel, Himbeeren und gehackte Mandeln gleichmäßig in der Auflaufform verteilen. Teig aus dem Kühlschrank holen und gleichmäßig in Form von groben Streuseln auf das Obst streuen. Im Ofen auf der mittleren Schiene etwa 30 Minuten backen, bis die Teigkruste goldbraun ist.

6. Sahne steif schlagen und mit Zimtpulver und Vanillezucker würzen. Bettelmann aus dem Ofen holen und etwas abkühlen lassen. Lauwarm mit der Schlagsahne servieren.

TIPP: Mandeln umkompliziert hacken – so geht's: Mandeln in einen Gefrierbeutel füllen, verschließen und mit einem kleinen Kochtopf daraufklopfen. Zwischendurch immer wieder schütteln, dann wieder daraufklopfen. So bleibt alles sauber.

ARBEITSZEIT: 25 MIN.

RUHEZEIT: 15 MIN.

BACKZEIT: 30 MIN.

APFEL-PÜFFERKES

Für die niederrheinischen Püfferkes werden Hefeteignocken frittiert. Die kleinen, mundgerechten Verführer sind in der Region ein absolutes Muss zu Sankt Martin, viele Naschkatzen genießen die kleinen Krapfen über das ganze Jahr.

FÜR 4 PERSONEN

125 ml Milch
250 g Mehl
Salz
80 g Zucker
½ Päckchen Trockenhefe
35 g Butter
1 Ei
50 g Rosinen
2 EL Rum
Fett zum Frittieren
½ TL Zimtpulver
1 großer Apfel

1. Milch lauwarm erwärmen. Mehl mit 1 Prise Salz in eine Schüssel sieben. 40 g Zucker, Trockenhefe und Milch hinzufügen und vermischen. 15 Minuten ruhen lassen.

2. Butter schmelzen und leicht abkühlen lassen. Ei und Butter mit der Hand unter den Vorteig kneten, bis ein glatter und elastischer Teig entsteht. Den Teig zugedeckt an einem warmen Ort 1 Stunde gehen lassen.

3. Rosinen kurz mit heißem Wasser übergießen und abtropfen lassen. Dann in einer kleinen Schale mit Rum beträufeln und etwa 15 Minuten ziehen lassen.

4. Frittierfett in der Fritteuse oder einem hohen Topf auf 180 °C erhitzen.

5. Den restlichen Zucker mit dem Zimtpulver mischen. Apfel waschen, vierteln, entkernen und raspeln.

6. Apfelraspel und ausgedrückte Rosinen unter den Teig kneten. Mit zwei Esslöffeln Teignocken abstechen und vorsichtig in das heiße Fett gleiten lassen. Püfferkes schwimmend goldbraun ausbacken, herausnehmen, auf Küchenpapier entfetten und noch heiß im Zimtzucker wälzen. Apfelpüfferkes schmecken am besten frisch und noch lauwarm.

vom Niederrhein

Wenn Kinder mitessen, ersetzt man den Rum einfach durch Apfelsaft oder Wasser.

ARBEITSZEIT: 30 MIN.

RUHEZEIT: 1¼ STD.

AACHENER REISFLADEN

NRW-BELGIEN-CONNECTION

Reisfladen sind ostbelgische Leckerbissen, auch im niederländischen Limburg trifft man den „Rijstvlaai" an. Auf deutscher Seite endet das Reisfladengebiet bereits kurz hinter Aachen. Schon in Köln erntet man nur noch verdutzte Blicke, wenn man danach fragt.

FÜR 6 STÜCK

Für den Teig:
260 g Mehl
60 g Zucker
Salz
130 ml Milch
¼ Würfel Hefe
40 g weiche Butter
Mehl für die Arbeitsfläche

Für die Reisfüllung:
½ Vanilleschote
1 TL abgeriebene Bio-Zitronen-
schale
375 ml Milch
80 g Milchreis
50 g Zucker
20 g Butter
1 Ei • Salz

Außerdem:
6 Tarteletteförmchen (à 10 cm
Durchmesser)
Butter für die Förmchen

1. **Für den Teig** das Mehl mit Zucker und 2 Prisen Salz in einer Schüssel vermischen. Milch in einem Topf erwärmen, Hefe darin auflösen und mit der Butter zum Mehl hinzufügen. Teig mit den Knethaken des Handrührgeräts mindestens 5 Minuten zu einem geschmeidigen Teig verkneten. Teig zugedeckt an einem warmen Ort 1 Stunde gehen lassen.

2. Inzwischen die Förmchen dünn mit etwas Butter ausfetten. Danach den Teig nochmals durchkneten, in 6 Stücke teilen und zu straffen Kugeln formen. Jede Kugel auf der bemehlten Arbeitsfläche dünn ausrollen und die vorbereiteten Förmchen damit auslegen. Förmchen 30 Minuten ins Tiefkühlfach stellen.

3. **Für die Reisfüllung** Vanilleschote längs aufschneiden, das Mark herauskratzen und samt Schote und abgeriebener Zitronenschale mit der Milch in einem Topf aufkochen. Milchreis hinzufügen und bei schwacher Hitze

etwa 30 Minuten unter regelmäßigem Rühren quellen lassen.

4. Wenn der Reis gar ist, 40 g Zucker und Butter unterrühren und den Topf vom Herd nehmen. Vanilleschote entfernen. Ei trennen, Eigelb unter den Reis rühren und die Masse abkühlen lassen.

5. Backofen auf 160 °C (Umluft) vorheizen. Eiweiß mit 1 Prise Salz und dem restlichen Zucker steif schlagen und unter die Reismasse heben. Förmchen aus dem Tiefkühlfach nehmen und gleichmäßig mit der Reismasse füllen. Reisfladen im Ofen auf der mittleren Schiene etwa 25 Minuten goldbraun backen. Aus dem Ofen nehmen, auf einem Kuchenrost lauwarm abkühlen lassen und aus den Förmchen stürzen. Lauwarm oder kalt servieren.

TIPP: Dazu schmeckt Obstkompott.

Auf dem Reisfladen bildet sich beim Backen eine Haut, das ist erwünscht, denn sie hält das breiige Gebilde in Schach!

ARBEITSZEIT: 25 MIN.

RUHEZEIT: 1½ STD.

BACKZEIT: 25 MIN.

LIPPISCHE ROSEN MIT HEISSER SCHOKOLADE

Wenn es etwas Besonderes zum Kaffee sein sollte, backten schon lippische Urgroßmütter diese zarten Röschen. Sie sind herrlich knusprig und schmecken warm besonders gut, man kann sie aber auch in einer Keksdose bis zum nächsten Tag aufheben.

FÜR 10–12 STÜCKE

Für die Lippischen Rosen:
100 g Mehl
25 g Speisestärke
30 g Puderzucker
Salz · 2 Eier
125 ml Milch
Pflanzenöl zum Frittieren

Für die heiße Schokolade:
100 g Zartbitterschokolade
1 EL Kakaopulver
2 EL Zucker
1 TL Speisestärke
300 ml Milch
Lebkuchengewürz, Zimtpulver oder Chilipulver (nach Belieben)

Außerdem:
Rosetteneisen für Lippische Rosen (im Online-Handel erhältlich)
Puderzucker zum Bestäuben

1. **Für die Lippischen Rosen** Mehl, Speisestärke, Puderzucker und 1 Prise Salz in einer Schüssel vermischen. Eier und Milch hinzufügen und alles zu einem dünnflüssigen Teig ohne Klümpchen verrühren. Den Teig 15 Minuten quellen lassen.

2. Inzwischen das Frittieröl in einem hohen Topf auf 180 °C erhitzen. Das Rosetteneisen erst für etwa 30 Sekunden in das heiße Öl und dann in den Teig tauchen, dabei darauf achten, dass der Teig nicht über den oberen Rand des Eisens hinausquillt, da die Rosen sonst am Eisen hängen bleiben. Das Eisen muss nur vor der ersten Rose extra erhitzt werden.

3. Das mit Teig benetzte Rosetteneisen in das heiße Fett tauchen und leicht schütteln, damit sich die Rose löst.

4. Die Rosen nacheinander frittieren, bis sie goldbraun sind, und dann auf Küchenpapier entfetten. So den gesamten Teig verbrauchen. Die Lippischen Rosen mit Puderzucker bestäuben.

5. **Für die heiße Schokolade** die Schokolade fein hacken. Kakaopulver, Zucker und Speisestärke in einer kleinen Schale mit einem Schneebesen verrühren. Etwa 50 ml Milch hinzufügen und alles glatt rühren. Restliche Milch aufkochen, Kakaomischung einrühren und unter Rühren nochmals aufkochen. Hitze reduzieren, gehackte Schokolade in die Milchmischung schütten und unter Rühren schmelzen lassen. Nach Wunsch würzen, in Tassen gießen und zu den Lippischen Rosen servieren.

aus Ostwestfalen-Lippe

ARBEITSZEIT: 40 MIN.

QUELLZEIT: 15 MIN.

REGISTER

DANKE!

Allen Kollegen gilt mein herzlichster Dank, nur als Team stemmen wir die Heimathäppchen jeden Tag aufs Neue. Für die gesamte Produktion ist die Firma 2bild in Köln mit ihren tollen und stressresistenten Mitarbeitern zuständig. Allen voran sind Carina Wulf und Jens Lahnor Meister darin, alles abzuwickeln und am Laufen zu halten.

Beim WDR gibt es das Redaktionsteam. Für Lena Plönnes sind die Heimathäppchen ein Fulltime-Job, die Zusammenarbeit mit ihr ist produktiv und sehr inspirierend. Christoph Teves steht als Redakteur für das Online-Format gerade und dank Klaus Brock darf ich heute die schönen Gerichte vor der Fernsehkamera beim Format „Beste Heimathäppchen" präsentieren.

Besonders erwähnen möchte ich noch Sebastian Koch, der das wunderbare Projekt beim WDR startete und auf seinen erfolgreichen Weg brachte — mit großer Unterstützung unseres Redaktionsleiters Jörg Gaensel, der seit Beginn an das Projekt glaubt wie kein Zweiter.

Nicht zuletzt gilt mein Dank meinem Mann, niemand gibt mir so viel Mut und Kraft wie du.

* GUT ZU WISSEN

Authentische Lebensmittel aus der Region kann man unter anderem anhand von zwei Schutzsiegeln erkennen, die von der EU vergeben werden. Die Produkte gelten als besondere Spezialitäten, knapp 20 aus NRW sind bislang ausgezeichnet worden.

Für das EU-Gütezeichen „g. U." (geschützte Ursprungsbezeichnung) muss die „Erzeugung, Verarbeitung und Herstellung eines Erzeugnisses in einem bestimmten geografischen Gebiet nach einem anerkannten und festgelegten Verfahren" erfolgen.

Bei dem Siegel „g. g. A." (geschützte geografische Angabe) hat mindestens ein Verarbeitungsschritt — Erzeugung, Verarbeitung oder Herstellung — in der Region stattgefunden, für die das Produkt steht. Die Zutaten können aber durchaus aus einer anderen Region stammen.

© 2018 ZS Verlag GmbH
Kaiserstraße 14 b
D-80801 München

ISBN 978-3-89883-833-7
3. Auflage 2018

Projektleitung: Eva-Maria Hege
Rezepte & Texte: Anja Tanas unter Mitarbeit von
Élena-S. Eilmes
Lektorat: Margarethe Brunner
Redaktion WDR: Klaus Brock, Lena Plönnes
Grafisches Konzept: ZERO Werbeagentur, München; Irene Schulz
Grafische Gestaltung & Satz: Irene Schulz
Fotografie: Andrea Kramp & Bernd Gölling (außer:
Niklas Hüsselmann/Anja Tanas (S. 5); Manoel Vorwerk/RST Postproduktion UG (S. 6); Carina Wulf/
RST Postproduktion UG (S. 4, 7); shutterstock
(Cover unten rechts))
Foodstyling: Hermann Rottmann
Herstellung: Frank Jansen
Producing: Jan Russok
Druck & Bindung: optimal media GmbH, Röbel

Kurze Wege schonen die Umwelt
Dieses Buch wurde in Deutschland gedruckt

Im Buch enthaltene Foodfotos können zur eigenen
Nutzung erworben werden unter www.stockfood.
com

Die ZS Verlag GmbH ist ein Unternehmen der
Edel AG, Hamburg.
www.zsverlag.de | www.facebook.com/zsverlag

UNSERE AUTORIN • ANJA TANAS

Die „Heimathäppchen"-Köchin ist beim WDR schon eine alte Bekannte, so steht sie hier als Foodexpertin regelmäßig bei diversen Formaten vor der Kamera. Die Dipl.-Oecotrophologin arbeitet zudem seit über 20 Jahren als freiberufliche Fachjournalistin für Ernährung. Bei der 2bild GmbH ist sie als Autorin und Fachberaterin fest im Team verwurzelt. Im Rahmen diverser TV-Formate hat sie ihre Leidenschaft fürs Kochen entdeckt. Anja Tanas steht für Fachkompetenz und verkörpert gleichzeitig einen nachhaltigen, modernen Lifestyle, einen ungezwungenen Umgang mit Lebensmitteln sowie die Freude an gutem Essen. Privat entspannt sie beim Yoga oder tobt sich beim Reiten, Surfen und als Vizepräsidentin eines Karnevalsvereins aus.

© für das Format „Heimathäppchen":
WDR, Köln. Lizenziert durch die WDR
mediagroup GmbH.
www.heimathaeppchen.wdr.de

Auf den Geschmack gekommen?

Auf zu einer neuen Landpartie: Das Beste aus der Landfrauenküche Nordrhein-Westfalens

Land & lecker, Band 4
€ [D] 19,99
ISBN 978-3-89883-866-5

Noch mehr von der Erfolgsserie — mit zahlreichen authentischen Rezepten und Porträts der Landfrauen.

Land & lecker, Band 3
€ [D] 19,99
ISBN 978-3-89883-695-1

Gleich weiterkochen!

Jetzt überall, wo es gute Bücher gibt.